JN128982

坂野 登

不安の力

不確かさに
立ち向かうこころ

勁草書房

不安の力　不確かさに立ち向かうこころ　目次

序章　不安ですべてが始まる

　私たちは今、不安の時代を生きている。原発事故や大規模な地震や大雨による災害がまたいつどこで起きるかも知れないという不安、大気汚染、あるいはＰＭ2・5が飛んでいるかも知れないという不安は誰でももつ不安だろう。あるいは地球温暖化による大規模の影響を見聞きするにつけ、日本は、世界は、そして地球は一体、どのような方向に向かっていくのだろうかという、不安というものがある。さらには、もっと個人的な不安というものもある。病気についての不安、進学についての不安、リストラされるかも知れないという不安、あげればきりがない。しかし日常生活では気づかないところに不安は山積している。不安のない生活というものはあり得ない、人生そのものの存在の根底に不安があるという考えもある。

　不安なんてない方がよい、不安はネガティブなものだ、否定すべきものだと普通考えられている。私はむしろ不安を当たり前のもの、いや生きていく上で必要なもの、さらには不安を、人生の指針とすべきだという発想が必要だと以前から考えていた。不安の反対は安心だが、人はもし安心だけの生活だけだったら、生活を変えたい、もっと安心できる生活をしたいという気にはならないだろう。いやそれだけではない。何もしなくなってしまうということが起きてしまう。不安な気持ちがあるからこそ、何かしなければならない、生活を変えよう、変えなければならないという気になろうというものである。

不安は不思議なはたらきである

不安は、知的なはたらきと感情的なはたらきの両方に存在しているという、不思議なこころのはたらきである。いや、知的なはたらきと感情的なはたらきを媒介しているといった方がよいかもしれない。したがって不安は感情であり知性でもある。いやだと思い知的な活動を止めるのも不安であり、またそれでも頑張らなければと知的な活動を継続させるのも不安である。不安は、不安な性格、落ち着いた性格ということばからわかるように、パーソナリティの一部分でもある。不安はパーソナリティの一部分だということで、知と情を取り結んでいるといった方がもっとよい表現かもしれない。不安とはこのような不思議なこころのはたらきである。

いや不安とはそんなものではない。あなたは不安で悩んでいる人の気持ちが少しもわかっていない、という人が多くいるかも知れない。私はそのような人がいることを自分なりに理解した上で述べているのである。なぜ不安が悩みのもととしか理解されないのかその理由を探ってみると、不安な気持ちがそのまま停滞し、解消すべき方向が見いだせなくなってしまったことが原因だということが明らかになってくるだろう。そうなってしまうと人は、どんどん不安な気持ちが強くなり、やがては病的な状態に陥ってしまうのである。

それでは不安の、考える方向をポジティブにしたりネガティブにしたりといった、全く逆方向のはたらきはどこからきているのだろうか。まずそもそも、不安が日常生活でどのように発生しているのかを考えてみよう。人は外の環境世界、あるいは、こころの内の世界に関心を向け、それが何であるかを探り（定位・探索し）、そして最終的には定位・探索した結果をもとに、ある結論へとまとめ上げ、行動して（収斂・慣例化させて）生きている。これは何だと思い悩み、それはこういうことなのだと最終的に結論づけるのである。定位・探索活動のもとである定位とは、英語でオリエンテーション、つまり方向づけのことである。日常的には、学校や会社で新しい環境に慣れるために、組織の仕組みやルール、あるいは学習や仕事の進め方などについて、新しく入った者に対し説明し方向づけすることとして、このオリエンテーションのことばは使われている。人には生得的に、新奇なものに定位するというオリエンテーション能力があるので、このオリエンテーション能力を利用してオリエンテーションを組織的にやろうというわけである。

定位はまず警戒から始まる。オリエンテーションの折に緊張して周囲を見回す。これは警戒の名残である。人もその仲間である脊椎動物では、左半身はもともと、警戒し素早く反応するために備えられていた。右側の大脳半球はそのために警戒に敏感である。食うか食われるかという熾烈な状況下にある動物にあっては、この敏感な警戒反応がなければ生きていけなかったろう。不安はこの警戒反応の発達した形である。私たち人類には、その名残としての警戒心が少しだけ残っている。見知らぬ場所に行ったときや見知らぬ人に出会った折にこの警戒心が姿を現す。緊急事態ではもっと強烈に、恐れを伴ってあらわれてくる。恐れ、つまり怖いという感情をもったときには恐れをもたらした対象から遠ざかるが、不安の場合には立ち止まるか、もっと事態をくわしく見て判断するために近づいたりする。これが定位・探索行動のなかの探索的部分である。不安とは対象に定位するだけでなく、何だろうとさらに探索する行動である。

日常生活で不安はどうあらわれるだろうか

日常生活での定位活動が警戒的な色彩を帯びる例として、人が道を横切るという事態を考えてみよう。この行為は場合によっては生命の危険と関係している。最初に、目が左右に動き自動車の動きを確かめる。車が左側通行の日本ではまず右をみて、それから左をみるのが普通だろう。道を横切る際にまず出会うのは右から来る車だからだ。そして道の反対側から来る車の有無を確かめるために目を左に向ける。これは不安の感情がもたらした探索活動である。不安は、脅威となる事態が潜在的に存在していることを予測することから生じてくる。そして左右の車や自転車の有無やその位置を確かめてから、道を渡るかどうかを決定するのである。その結果生じた行動が私のいう収斂活動である。日本とは違って、車が右側通行である国々に行った場合に、不安な気持ちはより高まっていくものである。不安な気持ちが起きなければ車にひかれてしまうかも知れない。つまり定位・探索した結果、日本で習慣化した行動として収斂するのでは駄目だ、というわけである。

よく慣れた道あるいは横断歩道である場合には、決断を下すための操作はあまり必要ない。しかし車の往来が激しいような、道幅が広くしかも横断歩道がないような、あるいは慣れない道の場合には、怖くなって遠ざかり別の道を探したりする。この場合には脅威は潜在的にではなく、現実的に存在しているから、不安ではなく恐れの感情が出てくるわけである。

同じ道路上で起きる事象として道を覚えるという動作がある。そこでは警戒的色彩が弱まってはいるがその名残はまだ明らかにみられている。たとえば団体旅行で見慣れない外国に行ったとしよう。団体でかたまって歩いているときはよいのだが、自由行動となって今いるところに何時に集合という場合はどうだろうか。集合場所が有名な観光箇所である場合は比較的楽である。地図や人波に定位して自分の位置を確かめればよい。しかし集合場所が似たような建物が並んでいる場所であった場合には、そこから観光したい場所に徒歩で出かけるときは、集合場所の周辺の風景を定位・探索し、記憶に留めるという行動をまず行う。帰りに道がわからなかったらどうしようという不安がもたらした行動である。これは私の数年前の経験である。

つまり不安とは将来を見越した感情であり認識だということになる。そこには予想が入っている。恐れはその場の感情である。将来など考える余裕はない。不安な気持ちは行動を準備し導いてくれる。目的地に向かうあいだ、動作をチェックする。どこをどう曲がったかなど、記憶する上で手に持った地図は記銘の補助となるが、このチェック役が不安という感情であり認知機能である。やっと目的地について観光を楽しんだ後で、目的地に帰る場合は、往きと逆の記憶をたどればよいわけだが、往きに目印として定位・探索しておいたものが何だったかを忘れてしまった場合には、定位し収斂できないのであわててしまう。頭が半ば空白になり、周囲の景色が皆同じに見えてしまう。いらいらする。

プラニングを行ったはずだが、プラニングの一部に欠落が生じたため、うまくプランが遂行できなかったわけである。間に合わなかったらどうしようという焦りと不安の高まりが生じてくる。取り残された事態、あるいは皆がじりじりと待っていることがちらりと頭に浮かんできて不安になる。このように、ことがうまく行かなくなったときの不安の状態は、ことを準備しているときの不安とは異質のものであって、準備できなくて身体的な緊張の段階に止まっている不安の状態である。もっと正確にいうと、感情が身体の不安の状態に止まり、自分のこころの状態を認知する不安へとスイッチできない状態に止まってしまったのだ。私たちが不安と呼んでいるもののなかのネガティブな部分はこのようなものである。

オリエンテーションの場面での不安のあらわれ方

パブロフが「これは何だ反射」と名づけた定位反射は、本来的には新奇なものに対する警戒的な生得的な反応である。この定位反射をもとにして、より高次の定位・探索活動が生まれてくる。パブロフは人の創造性というものは、この定位・探索活動をもとに形成されていったに違いないと確信していた。人を含めた動物は、定位反射をもたらした対象から回避するか接近するかする。回避行動に伴う感情が恐れであり、接近行動に伴う感情が不安である。警戒しながら新奇な対象をもっと知るために接近させるのが不安の感情である。しかし日常生活にあっては、この定位活動にみられる警戒的な側面は、危険を感じたとき以外はその存在が意識されることはほとんどない。むしろ新しいものへの好奇心として意識されることが多い。それは、現代社会にあっては警戒心よりも好奇心の方が生活上より有用だからである。人はまずごくわずかの時間警戒するが、すぐさまそれを好奇心へと切り替える。近づいてよいと瞬時に判断したからである。好奇心がはたらいていると今述べたが、状況によってあるいは人によって好奇心のあらわれ方は様々である。その結果として、その場面であらわれる行動は多種多様になるだろう。オリエンテーションの場面で、オリエンテーションをしている人の言動の特徴に気をとられていると、オリエンテーションの内容は断片的にしか頭のなかに入ってこない。また、自分の関心のあることばかりに注意を向けていると、全体的な把握がおろそかになる。最終的な行動のあり方は、定位のあり方によって基本的な形が決められるが、それらをどのようにまとめ、具体的な行動として表現するかは収斂のしくみによって規定されてくる。

収斂とは複数のものが共通した一点に集中してまとまること、収束することである。英語ではコンバージェンスという。ちなみに近視や遠視あるいは乱視は、目のなかにある水晶体がうまく収斂して、網膜上に像を結ぶことができなくなったことから生じてくる。だからめがねをかけて網膜上に収斂するようにするわけだ。こころのはたらきでめがねの役割をするのが前頭葉の行動調整能力である。

ここでいう収斂とは、心理学ではたとえば「集中的思考」の集中ということばがこれにあたるが、これはばらばらだった考えをまとめて一つの結論を得ようとする知的な活動のことである。ここでどのように収斂するかは、慣れ親しんだルールにまず照らしてみて、そのなかに新たに得られた情報を組み込んでいくという手続きをとることが多い。うまく組み込まれないとぎくしゃくした行動となってあらわれてしまうだろう。オリエンテーションの例でいえば、学校や会社の慣例的なルールに自分を合わしていくことがなかなかできない。定位して得られた情報と、これまで自分が慣例としてきた

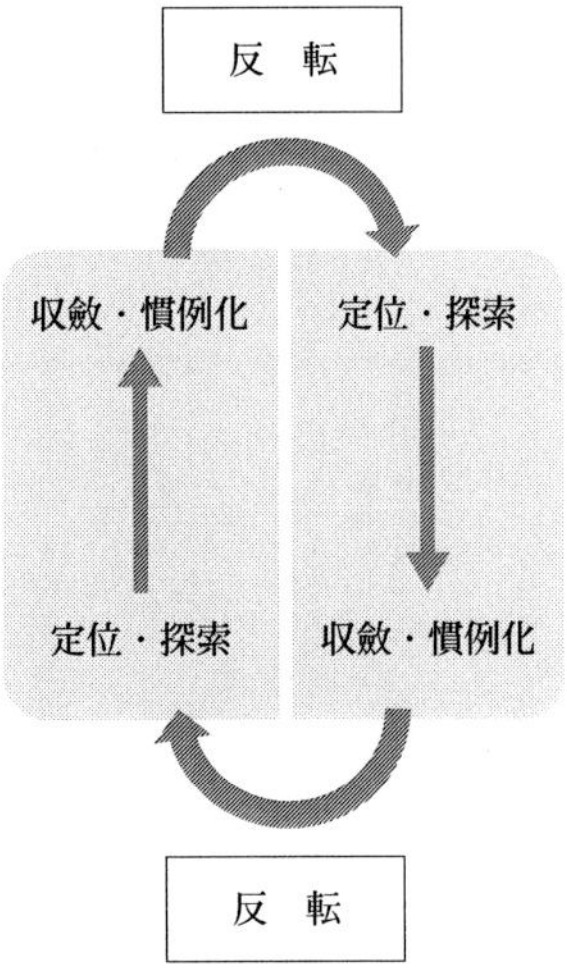

図1　人は反転を繰り返しながら，環境の変化に対応させて生活している

行動のルールがかけ離れていた場合には葛藤（コンフリクト）が生じるだろう。いらだちや不満が生じてくる。対象である学校や会社に対するネガティブな感情が生まれてくることにもなる。それでは困る。学校や会社にうまく適応できなくなってしまう。そこで、もう一度定位の仕方を変えてみる。言うなれば学校や会社に対する自分の姿勢を変えてみる、違った観点から眺めてみる。これらの一連の行動を図示したのが図1である。

定位・探索活動によってオリエンテーションの状況を探索し、やがてはある行動へと収斂・慣例化活動を行うわけだが、うまく行かなければ新たな定位・探索活動へと反転することになる。一般的な生活のなかでも、通常はこのような反転の繰り返しが行われていると考えられるが、うまくはたらかなくなるとそこから様々な問題が発生してくるのである。この図の基本的な考えは後で出てくる不安についての私のモデル図でも引き継がれている（第八章、図12と図13）。

不安は知的活動のなかにも存在する

これまではルールに慣れ親しむという比較的単純な行動について考えてきた。それでは学校や会社での生活に慣れた後で、より知的な課題に取り組む事態ではどうなのだろうか。学校であれば授業で、会社であればたとえばある企画について課題を与えられたとする。課題とは文字通り自分に課された、あるいは自分が課した題目である。それは自分に対する一種の潜在的な脅威として作用する。脅威だからこそ、課題に取り組む際にまずふっと緊張するのである。これは定位反射の基本的な形としての防御反応であって、いわば身構えるのである。そこから方向を変えて、提示された課題の中身について探索し始める。課題はどういうものであるか、どのように取り組んでよいのかを検討するわけである。探索では接近と離脱の行為が繰り返される。接近とはある対象に対して活動を行うことであり、離脱とは活動を引っ込めること、取り下げることである。探索するとは接近的行動だけのように思われがちだがそうではなく、引っ込めるという行動があってはじめて、別の箇所への探索が可能となる。

課題を解決しなければならないという潜在的な脅威というのは、動物にとっての天敵の潜在的な脅威と基本的には同じ性質のものである。第三章で紹介する、ネコの匂いがするという、潜在的な脅威が存在するときのネズミの不安と結びついた行動は、同様な知的行動としてみることのできる側面をもっている。周りを眺め回しネコのいないことを確かめ、そっとはいだし少しずつエサ場や遊び場へ近づいていくその行動は、探索活動という点では人の行う知的な探索活動と同一のものである。

私たちが不安について考える場合、もっと直接的な、自分の存在に関わる脅威を予測することに関わる問題を念頭に置くことが多い。つまり進化論的に考えてみると、不安には外敵という脅威をあらかじめ検知し、立ち向かうための準備をするという、生存にとって重要な役割が担わされていたわけである。しかし現代社会では、この外敵という意味合いは、殺害という形で自分の存在を直接的に脅かす存在ではなく、自分の身体的精神的な存在を、間接的に脅かす存在という観点からまず考えることができるだろう。生命維持という、生体にとって最も基本的な目的に対して不安をはたらかす必要が少なくなった動物である人間にとって、不安はより適応的に生きて行くための道具としてはたらくようになってきた。

身だしなみも不安から

私たちは毎日身だしなみをする。男であればひげを剃り、女であればお化粧をするだろう。またその人の個性と場面に応じた服装をするだろう。これは外部から、そして自分自身から自分がどう見られているか、その不安に対処するための動作である。不安という意味合いを弱めて、「気になる」といい表現を使った方がわかりやすいかもしれない。時々刻々私たちは、周りの世界そして自分自身を新しく感じている。これは私たちが生きていることの証拠だが、自分が寝る前と起き上がった今とは変わって違っていることを知り、これから一日、様々なものが変わっていくだろうことを予測すると、それに対して何らかの対処をしなければならない。顔を洗うこと服を着ること、これらは最低限の対処法である。そこからは対処への個人差がでてくるだろう。ある人はたとえば違った服装に着替えるなど、自分を積極的に変えるための方法をとることで対処するだろうし、また別の人はいつもとあまり変わらない服装だが、ワンポイントだけ変えるといった最低限の変化で対処しようとするだろう。何も変えなかった場合、これは不安を全然感じないという、ある意味ではおかしな状況下に、その人が今いるためかも知れない。

言い換えると不安は、私たちに脅威をもたらすというよりはむしろ、認知的緊張をもたらすようになってきたということである。私たちが何か新しいことに出会う際に感じる緊張感、これは不安が形を変えて、うまく環境に適応できるようにとはたらきかけていることのあらわれである。しかし不安とは総体的に、このようなポジティブな意味合いのものではないものとしてとらえられている。どうもこれまであまりに、そのポジティブな側面を強調しすぎたようだ。

不安のネガティブな側面は一般的に、その強さがある限度を超したときにあらわれてくる。不安がある限度を超えると事態に対処することが難しくなってくるからである。第三章でくわしく紹介するイギリスの心理学者グレイがいうように、不安が違った目標をもった行動間のコンフリクトであるとするならば、人がとろうとする相矛盾する行動がそれぞれ重要で、どれを先にとるべきかというコンフリクトが起きるか、あるいはそれぞれの行動それ自体は重要ではないのだが、相矛盾する行動の数が多すぎる場合に生じるコンフリクトが考えられる。これらの場合、どのような解決策があるのだろうか。その方法を考えるのもこの本の課題である。いずれにせよ不安は感情のなかでも一番知的活動と関わりを持った感情である。そのような意味からしてもまた扱いの難しい感情でもある。

夏目漱石の初期の代表作「草枕」の冒頭に、「山路《やまみち》を登りながら、かう考へた。智《ち》に働けば角《かど》が立つ。情《じょう》に棹《さお》させば流される。意地を通《とお》せば窮屈《きゅうくつ》だ。兎角に人の世は住みにくい。住みにくさが高《こう》じると、安い所へ引き越したくなる。どこへ越しても住みにくいと悟《さと》つた時、詩が生れて、画《え》が出來る。」とある。いうまでもなく、知情意というこころを作り上げている三つの部分のはたらきの微妙な関係を言い表した名文である。智＝知性は理屈を述べるもの、情＝感情は流されてしまうもの、意地＝意志は自分を窮屈にしてしまうもの、と対立的にとらえてはどうにもならない、と示唆しているものと私はとらえてみた。兎角に人の世は住みにくいもの、その通りである。それではどのような悟りが出てくるのか、不安は誰にでもある普通の出来事なのだ、考えようによっては生きていくための力となるのだという発想が必要であろう。詩が生まれて、画が出来るその道を、この本で示すことができれば幸いである。

第一章　不安とはどのような感情なのだろうか

1　身体的不安と認知的不安

恐れ（fear）や不安（anxiety）はなによりもまず感情の一種である。それでは感情とはどのようにはたらき、どのような種類があるのだろうか。感情とはこころのなかの世界の話である。こころのはたらきのなかでも特に表情にあらわれやすい。それでは動物にも様々な表情があるということから、動物にも感情があるのかという話になるとなかなか難しい問題となってくる。この問題は後で取り上げられることになるが、動物は感情らしきものをもっていて、感じ（feeling）ということばで表現できるような、感情（emotion）の未分化な状態のものをもっているといえるようである。

感情が表情にあらわれやすいのは、同じこころのはたらきである思考とか意志とは、違った側面を感情がもっていることの証拠だと考えることができる。表情は思考や意志のはたらきとしてもあらわれるが、それはせいぜい、何か難しいことを考えているらしいとか、はっきりとした意志の表れといった程度の大まかなことでしかない。感情はことばを用いない、非言語的コミュニケーションのなかで重要な役割を果たしている。顔の表情の研究で有名なエクマンら[(1)]の調査結果によると、喜び、嫌悪、驚き、悲しみ、怒り、恐れの顔の表情をしているさまざまな年齢の白人男女の写真を見せて、どのような感情をあらわしているか、アメリカ人、ブラジル人、チリ人、アルゼンチン人、日本人に聞いてみると、文化圏の違いによる判断の違いは見られなかった。日本人では悲しみが六二パーセント、恐れが六六パーセントと低い以外は、九〇パーセント以上の正答率だった。

つまり人では、非言語的コミュニケーションの手段として、ほぼ正確に利用される顔の表情にあらわれる感情には最低六種類あり、多くの研究者があげている感情の数を考慮すると、このほかにことばでしか表現できない感情が同じ数かそれ以上あるようである。このようにして感情は、表情として表現される感情と表現できない感情の区別があり、また表情として表現される感情も、ことばによる表現を伴うかどうかでその意味合いが違ってくるというように、非常に複雑なこころのはたらきである。

不安は特別の感情である

一九七二年に発表されたエクマンらのこの研究では、不安についての調査は行われておらず、それ以降の研究でも不安についての言及はほとんどない。これが不安の表情だというように、不安の表情を特定化することができなかったからであろうと思われるが、私は感情がこのように非言語的コミュニケーションの手段として利用されているなかで、なぜ不安が顔の表情としては特定できない感情なのか、その理由を突き止めていくことのなかから、不安という感情の特徴を明らかにすることができるのではないかと考えた。

正答率が悲しみと並んで低かった恐れという感情は、不安と一番関係の深い感情である。怖いといわれたときになぜ怖いのか、恐れの感情を引き起こす対象が何であるかははっきりしていて、相手の怖いという気持ちがある程度理解できるものとなる。しかし誰かから不安な気持ちを打ち明けられても、自分はそうでないのになぜという気持ちになってしまう。恐れとは、生体が進化の過程の中で獲得した、目の前の相手に対する直接的な防衛反応であった。不安も同様に防衛反応を起源とするが、その違いは、恐れは相手に対する直接的な防衛反応なのだが、不安は相手を予測しての防衛反応であるということである。予測という場合には、いつどのような形で、また自分がどのような状態にいるときに相手が現れるだろうか、等々といったさまざまな条件が入っている。つまり人の場合でいうと、非常に多様な心理的な要素が入り込んだ感情だということになる。このような感情が、単一の顔の表情として示されるはずがないのである。

相手の脅威を予測する場合の心理的な要素の複雑さからして、間違った予測をしてしまうことが起こりうる。何ら脅威は存在しないのに、脅威があると予測してしまうのである。これが不安障害といわれているものの正体である。人前に出ると緊張する、赤面恐怖、視線恐怖という症状を示す社交不安（社会不安）障害といわれている症状がある。この社交不安障害は、人のこころを理解すること（こころの理論といわれているもの）の障害と関係しているといわれている。ここで誰でももっている当たり前の不安と、病的な状態としてでてくる不安障害とを区別する一つの指標として、こころの理論の障害の有無が考えられるということになる。しかしここでいう障害とは、相手のこころの状態を読むというこころの理論のはたらきが敏感過ぎることから、生体を保護するためにそのはたらきを一時的に止めてしまうために生じた障害として理解することが重要である。このことについては章を改めて検討することになるが、障害の発生の原因を知ることによって、社交不安障害を克服していく道筋がみえてくるのだということだけここで述べておきたい。不安はまた、自我が脅威をどのように感じ、予測しているかによってそのあらわれ方は違ってくる。このような観点からも、こころの理論との関係を検討しなければならないということになる。

不安という感情はこのようにして、数多くの感情のなかでは非常に複雑で、心理的な意味合いの深い感情である。感情は通常、快の感情か不快の感情かに分けられるが、不安は不快な感情のなかに入れられることはあっても、快の感情のなかに入れられることはなかった。しかし不安な感情にはさまざまな段階があって、人を行動に駆り立てポジティブな成果をもたらすような、快の感情に入れることができるような不安の感情があることも、これまた考え得ることである。不安とはこのようにまことにデリケートな感情なのである。

英語の不安には切望の意味がある

不安は英語で anxiety という。辞書では不安、心配と普通訳されるが、切望、熱望という意味もある。anxiety の形容詞は anxious だが、この形容詞にも同様の二つの意味がある。日本語の不安は不安心であって切望のような意味はないが、不安について語るときは英語の anxiety の意味をもとにして考える必要がある。語源的には、ラテン語の「窒息させる」ことを意味する語から派生して、「人を窒息させるほどの状態」を意味するようになったらしい。その状態とはネガティブな状態だけでなく、ポジティブな状態をも意味しているのである。共通点は人を駆り立てるという成分であり、これが不安の本質なのである。

先ほど不安は非常にデリケートな感情だと述べた。そこで一つだけ、ことばの使い方の上での微妙な違いから、意味する感情の違いを察することができるといった、不安にまつわる日常的な問題を考えてみたい。たとえばじっとしていられない、落ち着かない、かき乱された気持ち、神経質になる、緊張する、これらの表現はすべて不安と関係した気持ちのあらわれである。そこで「不安で」じっとしていられない、というように、これらの表現の前に「不安で」ということばを入れてみると、その意味合いはよりはっきりするだろう。いま「不安」の代わりに、「心配で」としてみると違った意味合いの不安になる。「不安でじっとしていられない」とした場合には、何かわけのわからないことばで表現のしようのない気持ちであったのが、「心配でじっとしていられない」に変えると、そのような気持ちの変化をもたらしたものが何だったのか、何とはなしに認知できるものへと変わっている。「先行きが不安で心配する」というようになると、不安の内容がもっと具体的になるのである。anxiety は不安のほかに心配と訳されることが多いが、この心配が英語の worry であって、英語でも日本語の不安と心配の違いに対応すると考えてよいだろう。

不安には身体的不安と認知的不安がある

ここで「不安で」と形容された状況が身体的不安であり、「心配で」と形容された状況が認知的不安ということになるが、不安をこの二つの側面に分けて考えようという研究は比較的に新しい。実は身体的不安は定位・探索活動のあらわれであり、認知的不安は収斂・慣例化活動のあらわれだということになるという話が、この本のエッセンスの一つである。通常の場合、定位・探索活動はやがては収斂・慣例化活動となって終わるが、それができずに定位・探索活動のままに停滞しているのが身体的不安であり、収斂・慣例化されて認知的不安へと至ったのはよいが、そのままに止まった状態が認知的不安障害となるのである。身体的不安(somatic anxiety)と認知的不安(cognitive anxiety)とを区別して、それぞれを大脳の右半球と左半球のはたらきと関連させて研究しているエンジェルスら[2]が紹介している最近の動向についてのまとめによると、身体的不安と認知的不安とは、一般的には、気にしたことからくる目覚め(anxious arousal)と、気にしたことからくる懸念(anxious apprehension)といわれている現象を、言い換えて表現していることばということになる。なお apprehension ということばには、「前もってつかむ、理解する」という語源から「懸念」という意味になったことを考えると「不安によってあることをこうではないかと理解してしまう」、そのような特徴を示したものと考えてよい。

右半球のはたらきの活性化と関係することが明らかになってきた身体的不安では、身体的な緊張と生理的な過度の覚醒が特徴的である。心臓がどきどきしたり、汗をかいたり、めまいがしたり、息苦しい気がしたり、息が切れたりする。身体的不安の引き金となった脅威の源は、遠い将来の出来事としてではなく、すぐさま起きうる出来事として知覚される。したがってパニックや、高度のストレス状況を引き起こすことにもなり得るわけである。身体的不安を測る質問紙としてよく使われている、「気分と不安症状質問紙（ＭＡＳＱ）」のなかの不安による目覚めの一〇項目からいくつかあげておくと、「息切れした」「めまいがするか頭がふらふらする感じがした」「手は冷たいか汗ばんでいた」「冷感、熱感がした」「息詰まるような感じがした」「筋肉が引きつったりふるえたりする」などとなる。

もう一方の、左半球の活性化と関係することがわかってきた認知的不安は、予期不安とも呼ばれているもので、それは気苦労とことばによる熟考を特徴としている。ここでいう気苦労とは、自己についての個人的なあるいは感情的な脅威、身体的健康、仕事上の問題、あるいは一般的な世界の問題についてのものである。これらの気苦労はこころのなかで空しく繰り返され、払いのけることが難しい。認知的不安に加えて、落ち着きのなさ、疲労、筋緊張のような身体症状が併発することがしばしばある。この認知的不安は、全般的不安障害や、強迫性障害として顕著にあらわれてくる。認知的不安を測る質問紙として使われている「ペン・ステイト心配質問紙（ＰＳＷＱ）」からいくつかの項目をあげてみると、「心配する必要のないことはわかっているがやめられない」「プレッシャーがかかるといろいろ心配する」「いつも何かを心配している」「一度気になり始めると止められない」「それがすべてやり終わるまでプロジェクトが心配だ」などとなっている。

身体的不安と認知的不安の質問項目を比べてみて気づくことは、身体的不安の項目のなかには身体的違和感の由来についての認知の言及が含まれていないということである。つまり身体的不安を感じている人にとって、自分の身体的変化がどこから来ているのかわからない。それが不安からきている

という シンボル化ができていない。もう一方の認知的不安では、不安が頭のなかを飛び回り判断に影響を与えている。いろいろ心配することで事態を収拾しようとするが、ただただ動き回るだけで収斂しようがないので、気になってもそれを止めることができないのである。現在精神疾患の診断基準として、国際的によく用いられているものの一つとして、DSM（『精神疾患の分類と診断マニュアル』・アメリカ精神医学会）と呼ばれるシリーズがある。この最も新しい版である、DSM－5に記載されている「パニック障害」のなかで重要なはたらきをするのが身体的不安であり、「全般性不安障害」のなかで重要なはたらきをするのが認知的不安であると考えることができるだろう。

この本で取り上げる不安について

これまで、不安が最終的には身体的不安と認知的不安へとまとめられていくのではないかと述べてきたが、これから明らかにされていくように、実際は様々な分類があり考え方があるのである。しかしこの本では、不安を身体的不安と認知的不安とに分類していくことが、不安が目の前の不確かさに対処し、積極的に問題解決に向かう姿を一番明らかにしていく方法だという立場に立って問題を眺めようとしている。そこに至る道筋は次のようなものである。まず、感情研究の先駆者であるダーウィンによる不安の扱いについて触れるが、彼のユニークな研究方法と、生き生きした叙述が注目されるところである。種の起源についてのダーウィンの考えはフロイトにも大きな影響を与えていた。ダーウィンに続いて、心理学の感情研究の歴史を簡単に振り返りながら、現在感情研究のなかで不安がどのように位置づけされているかについての研究を紹介することになる。

これは文献[3]を調べてみてわかったことだが、不安それ自体を扱った研究は数多くあるものの、感情のなかに不安をどのように位置づけるかについて議論したような研究は意外と少ないことには驚かされた。それらの数少ないなかで選んだ研究は三つある。その一つはオートレイとジョンソン＝レアードによるもので、感情をコミュニケーションの手段として考え、そのコミュニケーションの特徴のなかで不安を位置づけているという点でユニークなものである。不安感情の特徴として、自分が不安なのはわかるのだが、なぜどのように不安なのかをことばでうまく表現できないことがあるが、その理由を解明する上でヒントを与えてくれる考えである。もう一つの研究動向として紹介するのは、感情の研究で有名なラザルスによるもので、感情は感情が関係する事態を当事者がどのように認知し評価を与えているかによって、その質と量とが決定されるという認知評価説として知られている。ある状況でなぜ不安の感情が引き起こされ、ほかの感情ではないのかを解く鍵を与えているという意味で興味深い考え方である。もう一つはこれも感情研究で有名なプルチックの研究だが、進化的な観点から感情を論じたものであるので、この章ではなく第五章で不安の進化について考える際に紹介することにした。

これらのアメリカの心理学者たちは、不安についてのフロイトの著作が多くあるにもかかわらず、それらには全然触れないか触れるとしてもごくわずかだけである。やはりフロイトの不安論は、精神分析という学問体系の上に成り立っているわけだから、自分たちの体系と同列には扱えないという考えがその根底にあるのだろう。しかしフロイトの不安に関する著作をくわしく検討してみると、失語症研究で学者としての第一歩を踏み出したフロイトにふさわしい内容であることがわかってきた。脳科学者としての片鱗がフロイトの不安論のなかにみられたからである。そこでこの本の枠組みの一つとして、フロイトの不安論を取り上げ、またそれと対比するためにイギリスの神経心理学者のグレイの不安論を考えてみた。グレイの不安論は本書の理論的構成の枠組みとして大いに役立っている。

フロイトは生涯、科学的心理学の創設を夢見ていた。それが彼の有名なこころの脳モデルとして図示されてあらわれたものと私は考えている。他方グレイは、主にネズミを使った不安の研究から、彼独自の不安についての脳モデルを提出している。二人の不安の脳モデルをもとに、不安を基礎にした新たな脳とこころのモデルをこの本で紹介することにした。

ダーウィンによる感情の先駆的研究

チャールズ・ダーウィンは、『種の起源』を著した三十年後の一八七二年に、『人間と動物の感情のあらわれ』と題した本[4]のなかで、種に特有な感情のあらわれ（表情）についての、質問による調査や様々な写真などをもとにした詳細な検討を行っている。そこでは、イヌ、ネコ、ウマ、サルなどの喜び、痛み、怒り、驚きそして恐怖の表情の動きや、人特有の表情として苦痛・不快なことを経験する苦悩と悲しみを表すさまであるすすり泣きが取り上げられている。ダーウィンは一四章に及ぶこの本のなかで、八つの章を人の感情のあらわれに当てているが、目次にでている章別の項目をあげておくと次のようになる。

第六章　人特有のあらわれ——苦悩とすすり泣き

第七章　ロー・スピリット、不安、深い悲しみ、失意、絶望
第八章　喜び、ハイ・スピリット、愛情、細やかな愛情、献身
第九章　反省―瞑想―怒りっぽさ―不機嫌―決断力
第十章　憎悪と怒り
第一一章　軽蔑―侮辱―嫌悪感―罪悪感―プライド―等々
第一二章　驚き（surprise）―強い驚き（astonishment）―恐れ―ホラー
第一三章　自己注視―恥―はにかみ―謙遜――赤面

これらの八つの章のなかで不安に関係する章は第七章だが、不安が属しているロー・スピリットに対比されるハイ・スピリットに関係するのが第八章であり、また不安と関係深いと考えられる恐れは第一二章で取り上げられている。なぜこのような構成になったのか、そこにダーウィンのユニークさがうかがえるように思える。後で述べるように、心理学者たちは不安と恐れを、たとえば不安は恐れの長引いた状態だとか、脅威が潜在的かどうかということで区別しようとしているが、不安は悲しみに属するロー・スピリットであり、恐れは驚きという違ったカテゴリーに属する感情だと区別してダーウィンは考えようとしたことになる。不安はむしろ、ハイ・スピリット、つまり喜びや愛情に満ちたこころとは対極的にある感情だとしてとらえられていた。

不安についてのダーウィンの考え

不安に関係する第七章では次のように説明されている。そこではタイトルに続いて、「深い悲しみがこの体系に与える影響―苦しみのもとでの眉毛の傾き―眉毛の傾きの原因について―口の端の下がりについて」と、ロー・スピリットでは眉毛の傾きと口の端の傾きに特徴があるとの指摘があり、次の文へと続いていく。

「こころが深い悲しみの急激なはたらきを受けた後、そして深い悲しみの原因がまだ続いていると、我々はロー・スピリットの状態にはいりこむ。あるいは我々は完全に落胆し失意に陥るだろう。苦悩ではないとしても長引く体の痛みは、通常同様のこころの状態へと導いていく。もし我々が、苦痛・不快なことを経験する苦しみを予期すると我々は不安になる。もし救われる望みがないならば我々は絶望する」とダーウィンは述べるのであった。このようにして彼は、悲しみからくる苦しみを予期すると不安になるというように、悲しみと不安の間の密接な結びつきを考えていた。ここでいうロー・スピリットとは「沈んだこころ」という表現がぴったりのこころの状態をあらわしている。不安も悲しみと同様に、沈んだこころとしてダーウィンは理解していた。

感情の研究で著名な心理学者ラザルスは、悲しみと不安という二つの感情で共通しているのは、害を及ぼすような状況で生じる感情であり、そこでの状況の改善の見通しが不確かまたは貧弱なものであるところにあるという。それでは両者を区別するものは何かといえば、不安は事態に対処していける可能性が低くまた不確かな場合に生じるが、悲しみはどちらにしてもよくならないだろうというような期待の低さから生じるという違いにあるという。先に引用した、悲しみと不安の関係についてのダーウィンの洞察の先見性を発見して、彼の偉大さを改めて感じた次第である。

図2は眉毛の傾きが、沈んだこころ（ロー・スピリット）で共通してあらわれてくる特徴だとしてダーウィンが示したものである。この図は、彼の調査の方法の特徴を垣間見る上で興味深いので、典型的な例としてあげておいた。図の一番上の右の写真は左端のある俳優が深い悲しみを演技しているものである。中央の顔半分の写真は、任意の筋肉を随意に動かすことのできる若い婦人が眉を傾けたときのものである。しかしその表情は、悲しみでは全然なかったとダーウィンは述べている。真ん中の右の悲しい顔をした子どもの写真はダーウィンがショップウィンドウで偶然見つけたもので、これまた偶然に、この子が写真を撮られた数分後には泣き叫んだこと、そしてまたその子の落ち着いたと

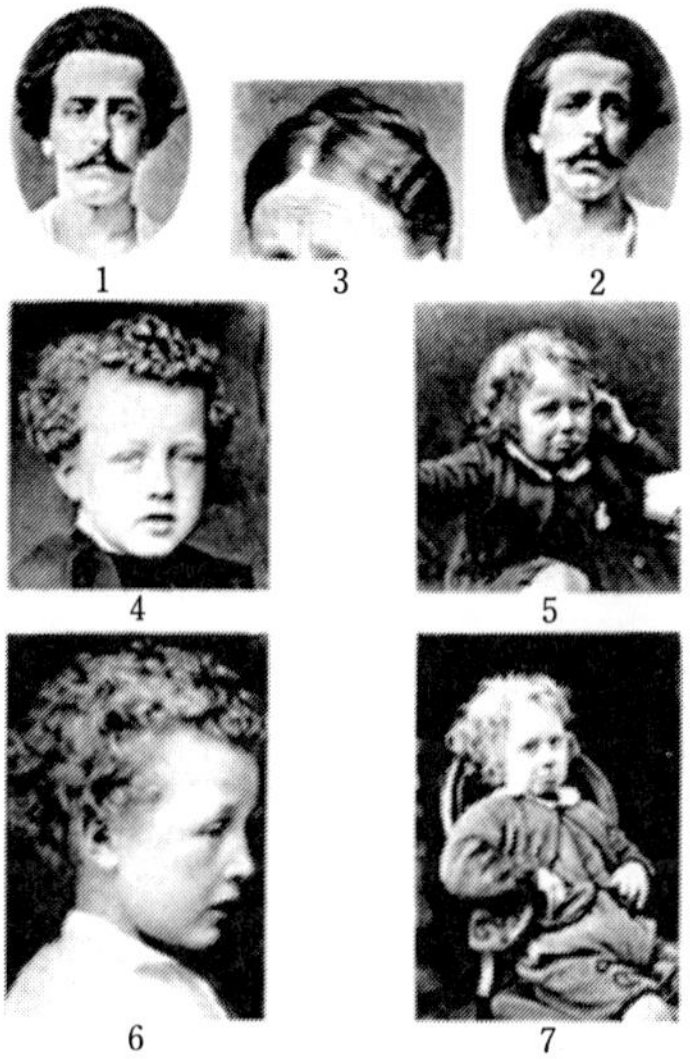

図2　ダーウィンによる「沈んだこころ」で見られる眉毛の傾きの様々な様子（本文参照）
The Project Gutenberg EBook of The Expression of Emotion in Man and Animals, by Charles Darwin より引用

きの写真（真ん中の左）を手に入れたというエピソードまでもが述べられている。下の二人の写真は、眉の傾きと同時に口の端が下がっていることを示したものである。

沈んだこころとしての不安

これらの記述からわかるように、自然な状況での表情の変化（真ん中の右と下二つの写真）を手がかりに、沈んだこころを俳優の演技でのあらわれ方で確かめている。しかしまた同時に、眉毛の傾きという共通の特徴だけでは沈んだこころは表現できない（上の真ん中の写真）ことをも確かめていたのであった。このようにして、ダーウィンにとって不安は沈んだこころとして、悲しみや絶望と共通した表情としてあらわれるものだが、表情からはこれらを区別することはできない感情だと位置づけられていた。

第七章のロー・スピリットと対比される第八章では、タイトルに続いて「笑い、主に喜びのあらわれ―奇妙な着想―笑い声の際に顔の造作にみられる動き―出される声の特徴―大声での笑い声の際にみられる涙の分泌―大声の笑い声から穏やかなほほえみへ―ハイ・スピリット―愛情の表出―細やかな愛情―献身」と説明が続いている。ここでハイ・スピリットとは、高まったこころと訳されようが、タイトルの説明文からもわかるように、喜びと愛情に満ちた気持ちといった幅広い意味が含まれていることがわかるだろう。つまり不安は、喜びや愛情の対極にある感情だとダーウィンが理解していたことになる。

第一二章では不安と関係深いと一般的に考えられている恐れが登場する。ある対象への注意が突然、そして身近に起きると、それは驚きや驚愕へと変化し、そこから驚きや驚愕で口がきけなくなったような驚嘆へと変化する。これが恐怖（テラー）に非常に似たこころの枠組みだとダーウィンは考えていた。本書の第三章でイギリスの神経心理学者グレイの考えを紹介するが、彼は恐れと不安とは別のシステムに属しているものと考えていた。ここでもまた、ダーウィンの先見性に驚かされた次第である。驚きや恐れに伴う身体的変化として、眉毛の上昇、目や口の開きなどがあげられている。

ロー・スピリットとハイ・スピリットという感情の分類

ダーウィンが『人間と動物の感情のあらわれ』のなかで生き生きと表現している感情のあらわれ（表出）についての話はここまでとして、彼がロー・スピリット、ハイ・スピリットと名付けた感情の状態について一言述べておきたい。感情をポジティブな感情とネガティブな感情として分類するといった、価値観のはいった現代の一般的傾向からみると、スピリットが高いか低いかで感情を区別したダーウィンの考えは、価値観抜きのより中立的な観点からの分類であるように思える。またここでいうスピリットとは、ファイティング・スピリット（闘争心）、パイオニア・スピリット（開拓者魂）、カレッジ・スピリット（愛校心）などというように、非常に幅広い概念であった。スピリットは様々に日本語に訳されているが、ここでは心持ちという訳がぴったりではないだろうか。ハイ・スピリットは普通は上機嫌と訳されているが、それは「高まった心持ち」であり、ロー・スピリットは沈んだ気持ちのことである。

現在の心理学では、神秘的な意味合いを含んだスピリットということばではなく、ヘドニックトーン（快感度、快適度などと訳されているが、快さ、美しさ、好ましさから成り立っているもの）ということばがよく使われている。トーンとは音色のことで、感情が音や音色のような感覚と共通点のあることの証拠として考えることができるものである。ロー・ヘドニックトーン、ハイ・ヘドニックトーンは日本語でいえば、沈んだ気持ち、高まった気持ちにぴったりの原語である。それでは不安な感情はどちらに入るかといえば、不快な気持ちだと一般的に考えられているが、そうはっきり断言できない微妙な側面があるように思える。それがまた、不安の特徴だといえるのではないだろうか。

2　心理学の歴史で感情を振り返る

ダーウィンの先駆的な研究は、比較行動学や霊長類学での研究へと発展していった。心理学の領域ではどうだったかというと、実験心理学の祖であるといわれるドイツのライプチッヒ大学のブントは、意識過程には客観的経験としての感覚と、主観的経験としての単純感情の二種類があり、それぞれの要素は質と強度でもってあらわすことができると考えていた。感情は緊張―弛緩、興奮―沈静、快―不快の三次元の質であらわすことができるが、これらの要素は互いに結びあって複合体となり、そこから新しい固有の性質が生まれてくることになる。この定義からすると、不安は、緊張・興奮・不快な感情ということになろうが、それではたとえば怒りといった不快な感情との区別ができない。やはりこの定義には不足した部分があって、なにか新しい考えを付け加える必要があるということになってくる。

泣くから悲しいとするジェームズ・ランゲ説

アメリカ心理学の祖であるウイリアム・ジェームズは、「人は悲しいから泣くのではなく、泣くから悲しいのだ」というジェームズ・ランゲ説を唱えた一人であることでもよく知られている。彼は、恐れ、悲嘆、愛情、激怒の四つを感情の基本（基本感情）と考えていた。ジェームズ・ランゲ説によると、すべての感情は筋肉の緊張や心拍数の増大、発汗作用、口の渇きのような生理的反応を引き起こす刺激の存在に由来していることになる。熊を見た人の行動を例にあげて、常識的には熊を見て怖くなり逃げていくと考えられるがそうではなく、逆だとジェームズは述べている。熊を見た人はまずふるえといった生理的反応を感じ、次いで怖いという感情を感じるというのだ。これらの反応は反射的に行われて、本能的反応のようなものであるが、彼は同時に感情のもつ意識的な側面を強調していた。「泣いている人は、自分は悲しいのだと推測する」のである。

ジェームズ・ランゲ説とは逆に、感情が生理的反応を引き起こすことを唱えたのがキャノンとバードである。キャノンは、ジェームズが生理的反応のなかでも重要だと考えた内蔵器官の反応が感情と無関係に生じるだけでなく、感情を伴った場合でもそれだけでは感情の区別はできず、また内蔵を中枢神経から切り離しても感情が生じることから、感情の中枢説を唱えたのだった。キャノンがいうように、内蔵反応からは感情の違いを区別することは確かに難しい。心拍数の増大、発汗、瞳孔の拡大、アドレナリンの放出といった内臓反応は恐れと怒りで共通して認めることができる。恐れと不安の場合にはなおさらその区別は困難だろう。したがって感情の意識的側面を強調したジェームズにとっては、身体的指標だけから、自分は恐れているのではなく不安なのだと推測することは不可能なことになる。

感情は二要因からできている

生理的反応から感情が生じるというジェームズ・ランゲ説と、感情の経験が生理的反応よりも先に、あるいは無関係に生じるとしたキャノン・バード説の間の論争を解決するために、シャクターやアーノルドは、生理的反応に加えて、生理的反応を認知してそれにラベルを付けるという二つの要因が必要だとした二要因説を唱えている。ジェームズ・ランゲ説にせよキャノン・バード説にせよ、同じ生理的反応から違った感情が出てくることが説明できなかったからである。たとえばダットンとアロンがカナダで行った「吊り橋」を使った有名な実験がある。高い吊り橋では怖いので、それにともなって心拍数や発汗量の変化が生じてくる。しかしそれは、吊り橋の向こう側にあらわれてインタビューをした、魅力的な女性に対する緊張からきた変化なのだと男性たちは勘違い（ラベルのつけ間違い）をしてしまったというものである。キャノン・バードの感情の中枢説からは、生理反応が解釈されて感情の変化になることは説明できないし、またジェームズ・ランゲ説からは、同じ生理的反応から違った感情が出てくることは説明できないわけである。

感情とは、その場の状況が自分の満足のいく状態にとってどのようであったか、その評価によってもたらされるものであると主張したのがラザルスである。評価があって後に感情があらわれてくるというわけである。評価よりも感情が先ということもあり得ると主張したザイアンスとの間に激しい論争があったが、ザイアンスによると、評価という時間のかかる過程の前に起こってしまう感情があるという。ここで評価というものを意識的な認知活動だと考えると、ザイアンスのいうことも理解できるわけだが、認知的評価を無意識的な過程にまで広げて考えると、どちらもあり得るということになるのではないだろうか。

不安の理論1――不安はコミュニケーションの手段である

これから感情についての二つの理論を紹介することにしたい。まずは、アメリカの心理学者オートレイとジョンソン＝レアード(5)の二人の考えについてである。私はその考えのユニークさに引かれると同時に、この本での論の展開にとっても重要だと考えた。彼らは、感情は命題としてはとらえることができないという興味深い提案を一九八七年に行っている。この論文で彼らは、感情を社会的動物であるほ乳類に独特なコミュニケーションの一種であるととらえている。この種のコミュニケーションには命題的コミュニケーションと非命題的コミュニケーションの二種類がある。命題的コミュニケーションでは、「何々は何々である」という表現を使い、コミュニケーションの受け手によってその意味内容の変わることのないシンボリックなものである。たとえば雪は白いという表現の伝達は、誰にとっても真な命題となる。

もう一方の非命題的コミュニケーションは命題的コミュニケーションに比べるとより単純で、加工の度合いがより少なく、進化的により古いものである。基本感情はまた、分析することのできない「生《なま》の感じ」であって、痛みや味、におい、色や音色の感覚のように、はっきりと五官で認知できる性質のものである点で共通している。非命題的コミュニケーションの内容をもった基本感情には、怒り、嫌悪、不安、幸福、悲しみの五種類があげられている。

「私は自分の将来が不安だ」という自分のこころの内を伝えたとしよう。この場合感情を引き起こした信号が何であり、どのような感情の様式（モード）に私が今あるのかを感じることはできても、その意味内容は受け取る人によって様々である。またこの表現が、自分にとっての脅威の存在を伝えるためであるとしてとらえるならば、脅威の存在を強くとらえたものとして、不安の代わりに恐れをもってきてもよいわけだが、恐れや不安がどのようなものであるかはそこでは明示されていない。

彼らは不安を恐れの長引いた状態であると考えている。不安は、危害から自分を守るという自己保存の目標が、何らかの脅威の存在によって脅かされることによって誘発され、その結果として行動を停止し、環境を用心深く注意してから逃避するか、または注意するだけかすぐ逃避するかのどちらかの行動をとるのである。また感情が社会的関係のなかで発達していくと、不安は幼児では分離不安として、成人では困惑あるいはぞっとする気持ちとしてあらわれてくると彼らは考えた。

彼らは二〇一一年[6]に、一九八七年の論文の内容をさらに発展させた論文を発表した。基本感情とは第一に、社会的動物であるほ乳類が共通のプランをつくり、生命、性的関係、社会的関係を維持し、子孫の世話をし、危険で有害なものを避けるための基本となるものである。第二にそれらは感情の対象となるものをもつことがあるが、完全な命題的内容をもっていない。第三にそれらは行動、顔の表情、身体的な振る舞いといった特徴的な形としてあらわれてくる。第四にそれらは、それ自体は、感情ではない低い水準の状態あるいは過程に、分解できない原始的なものである。

提起された特徴のなかで特に重要な、第二の特徴とはどういうものかを具体例で示してみよう。たとえば愛とはその対象なしには成り立たないが、はっきりした命題的内容をもってはいない。他方、恐れの長引いた様式であると彼らがみなしている不安は、とらえどころのない、対象のないものであって、また同時に命題的な内容をもっていないものである。「心配だがどうしてかわからない」といいながら、自分の感じについてそれ以上いえないのである。対象のはっきりした基本感情として、保護者に対する子どもの愛情、親による子どもの保護でみられる相互の感情、性的愛、嫌悪、憎しみがあげられている。

不安の理論2——不安は状況の評価によって生じる

次に紹介するラザルスの認知—動機づけ—関連説[7]は、それぞれの感情は「中核となる関係するテーマ」と呼ばれる特定の関係的な意味づけをもっているという考えから出発している。彼の説は感情の認知的評価説とも呼ばれて日本でもよく知られている。彼のいう中核となる関係するテーマとは、たとえば怒りの場合は「私と私のものに対する品位を傷つけるような侮辱」がテーマであり、不安では「不確かな、存在に関わる脅威に直面すること」となる。また驚きでは「直接的で具体的な抗しがたい危険」が中核となる関係するテーマであり、不安とは明確に区別されている。彼は約一五種類の感情をあげているが、ネガティブな感情と呼ばれているものには、怒り、恐怖（fright）、不安、罪悪感、恥、悲しみ、ねたみ、嫉妬、嫌悪感の九つがあり、それらは生活上でのトラブルの産物であり、害や脅しを含んだものである。ポジティブな感情には幸せ、誇り、安堵、愛のおおむね四つがあり、また何によってその感情が誘発されるかがはっきりしないか混合しているものとして希望、哀れみ、感謝の感情がある。
ラザルスの挙げた感情には、オートレイとジョンソン゠レアードにはなかった複雑な感情が含まれている。それは彼が、それぞれの感情には、それ特有の個人―環境の間の関連についての認知的評価があると考え、感情の主体的な側面に注目したからである。感情の誘発源の評価がはっきりしない例として述べられている「希望」での中核となるテーマは「最悪の事態を恐れるが、しかしよりよくなることを願っている」というように複雑な認知的評価となる。

同じ場面でも受け取り方によっては違った感情を引き起こす例として、ラザルスは怒りと不安の感情を挙げている。いまAとBの二人の配偶者が同じ論争の場面に出会ったとする。Aはそこから、自分が品位を傷つけられ、あるいは軽視されているものとして関連づけて意味づけをした。このような意味づけは、傷ついた自己評価を修復したいという欲求を動機づけるものとなる。Bは、婚姻関係それ自体が脅されていると論争を関係づけて意味づけをした。Bが経験した感情は怒りであるがAは不安を感じるというように、認知的評価によって起きる感情は異なることになる。

感情を引き起こす事態を評価する上で重要なものは三つあり、すべての感情に共通する二つの成分とそれぞれの感情に特有な成分がある。不安を例にして説明すると、不安の中核となる関係するテーマは「不確かな、存在に関わる脅し（脅威）」であり、適応的なはたらきは「潜在的な害を避ける」となる。感情を動機づけ誘発させるためには、それに対して認知的にある評価を与える必要がある。すべての感情に共通した評価には、動機づけに関連した評価と動機づけと一致しない評価とがある。動機づけに関連する評価は採択され、一致しない評価は退けられるが、この二つの評価だけでは感情の違いを生み出すことはできず、それぞれの感情に特有な評価が必要となってくる。

ラザルスは、このそれぞれの感情に特有な認知的評価によって違った感情が引き起こされる例として、不安と悲しみをあげている。この二つの感情で共通しているのは害を及ぼすような状況だが、そこでの状況の改善の見通しは不確かまたは貧弱なものである。このような類似性は、なぜ不安と悲しみがそれぞれと結び合ってあらわれてくるかを説明するものだという。それでは不安と悲しみそれぞれに特有な評価とはなにかというと、不安では事態に対処していける可能性が低くまた不確かだという評価であり、悲しみではどちらにしてもよくならないだろうというような期待が低いという評価である。このような評価の違いから、悲しみは忘れることによって「失われたかかわりを取り除く」という適応的行動をとるが、不安は忘れることはできず、その原因を避けるという行動をとることになるのである。

第二章　フロイトによる不安の精神分析的理解

これまで感情のなかに不安はどのように位置づけられるのか、不安はどのような特徴をもっているのか、ということについて、心理学の領域での研究を中心にして話をしてきた。しかし、これから紹介する精神分析の創始者であるフロイトの不安論は、なぜかそこではほとんど触れられていない。不安について考えていくに際して、避けて通れない存在なのにもかかわらず無視されていた。彼の不安論は一世紀も前の古いもの、精神分析という学説の特別な枠組みのなかの、そして科学としての心理学の範疇に入らないものとして考えられていたようである。しかし文献を細かく当たっていくと、不安のしくみに迫る際に参考にしなければならない重要な考えであることが次第にわかってきた。フロイトの精神分析の考えにもとづく不安について振り返り、これまで述べてきた不安についての考えや、後ほど展開する不安についての論議との関係を考えてみることは、この本にとっても重要な意味をもっている。

不安についてのフロイトの考察[1]は、時代によって変化が見られている。この変化を追っていくのが重要なので、まず一九一七年に出版された『精神分析入門』から出発し、一九二三年出版の『自我とエス』を経て、不安についての再検討を行った一九二六年の『制止、症状、不安』、そして一九三〇年の『文化への不満』へと、文献をもとに彼の考えをまとめてみた。フロイトの著作については様々な邦訳や英訳などがあるが、正確を期し納得できるものにするためにすべて原典に当たり、それをもとに以下の記述としてまとめてみた。

1　『精神分析入門』――不安とはなにか

『精神分析入門』は一九一五年から一九一七年の冬学期に、医師と一般聴衆を対象に行われた講義録をまとめたものである。その第二四章「一般の神経質」では、精神分析の中心的な課題である、神経症の種類とそのあらわれ方が取り上げられている。神経質とは神経過敏のことで、この状態が病的症状となって固定化されたものが神経症だと考えてよいだろう。この章では、神経症は無意識的な心的エネルギーであるリビドーと、それを抑圧しようとする自我との葛藤の結果であるという、よく知られているフロイトの図式が紹介されている。

続く第二五章が不安についての話にあてられることになるが、そこで扱う不安の多くのものは、主に神経症患者のもつ不安についての話である。かれは神経症を、現実神経症（Aktualneurosen, actual neurosis）と精神神経症（Psychoneurosen）の二つに大別していた（注：外国語が二つ以上並んでいる場合にははじめがドイツ語、後が英語に対応)。

現実神経症(真正神経症または現勢神経症とも訳されている)とは、リビドーと自我との葛藤が、精神神経症が問題とする心的機制によるとするよりはむしろ、身体的な過程としてあらわれてくるととらえられるような神経症である。現実神経症には、不安神経症、神経衰弱そして心気症(ヒポコンドリー)の三種類がある。現実神経症では、身体面へと向かったリビドーが、何らかの原因でブロックされ、性的なフラストレーションが生じているとされるが、それは方向を転じて不安が発生し、不安神経症となるとされている。第二五章で取り上げられる不安の主なものはこの不安神経症のことである。

もう一方の精神神経症は、精神分析が理論上あるいは治療上で大きな役割を果たすとされる神経症である。それには、ヒステリーと強迫神経症とがあるが、その原因とされる精神的要因として、幼児期に生じた葛藤が考えられており、そこでの心理的外傷の結果であるとされている。彼のいうエディプスコンプレックスが、そこでは大きな役割を果たしている。

フロイトの神経症についての考えに関しては、必要に応じてまたこの本のなかで出てくることになるが、ひとまずここまでとして、これから第二五章の不安についての話を紹介することにしよう。この章ではまず不安とは何かと問い、そしてそれは皆がいつかどこかで経験する感覚であり、正確にいえば情緒(Affekt, affect)状態であるという話から始まっている。一般に不安と神経質とは同じ意味をもったものと考えられているが、両者は同時に現れるとは限らない。神経質の不安へのあらわれを神経症的不安、神経質から分離された不安を現実不安(Realangst, real anxiety, objective anxiety)と名付けて両者を分けている。

現実不安は外界の危険に対する予期反応である

現実不安とは外界の危険、つまり予期され予知された障害を感知して起きる反応であり、この不安はまた逃走反射と結びついている。そしてまた自己保存の衝動とみなすことのできるものである。現実不安は一見非常に合理的なもの、理解しやすいものに見えるがそうではなく、これは不安が非常に強くなると合目的的行動が失われることからも明らかである。不安は第一に、危険に対する準備状態であって、感覚的な目覚めの高まりと運動面における緊張としてあらわれてくる。不安と恐れそして恐怖の関係については、不安は状態と関連していて対象を予感しているが、恐れの場合には対象に直接注意がむけられている場合に用いられる。恐怖は特別の意味をもっていて、あらかじめ不安の準備状況がつくられないうちに危険が到来した場合を指している。このようにして、フロイトにあっては、不安は恐れそして恐怖とは区別されていたわけであった。

ここからフロイト独自の不安論が展開されることになる。不安とは、「不安の発生」を知覚することによって生じた主観的な状態のことで、この状態は一般に情緒と呼ばれているものである。情緒はまず一定の運動の神経興奮の伝播あるいは運動の放出（Abfuhr, discharge）があり、次いで一定の感覚、つまり今起きている運動的行為の知覚と直接的な快―不快の感覚という二種の感覚が、いわゆる情緒の基音となっている。しかし情緒について考える場合、このように情緒の成分を列挙していくような方法で、その本質に出会えるとは思えないとフロイトはいう。

情緒のもっている複合的なものの総体をまとめているその核とは、ある種の情緒でみられるような、ある意義深い体験の繰り返しであって、それは個体ではなく、種の先史に属するような、非常に一般的な性質の、非常に初期の体験かも知れない、とその構想は進んでいくのであった。

ここでフロイトは出生行為がそれに該当すると考えた。そこでは、不快の感覚、放出の興奮性、そして身体の感覚がグループ化してあらわれる。そしてそれらは生命危険の折のはたらきの原型となり、それ以来不安状態として我々の間で反復されているのである。血液新生（内呼吸）の中断による恐るべき刺激の増大は、その折の不安の原因であった。このようにして最初の不安は毒性的なものであった。私はフロイトのこの考えは非常に面白いしまた注目に値するものと考えた。第六章で私が問題とする身体的不安の原型ではないかと考えられるからである。後に出てくるエディプスコンプレックスの神話に比べるとずっと真実みがあり説得力がある。

ところでフロイトは、当時の心理学の不安説についてはどう考えていたのだろうか。講義のなかでフロイトは、情緒について自分が述べたことは、正常な人たちを対象にする心理学とは全く異なっていて、心理学でよく耳にするジェームズ・ランゲ説は、精神分析家にとっては全く理解困難であり、議論できる筋合いのものではないと非難している。それではすでに紹介したジェームズ・ランゲ説とどこが違うのか、先ほど出てきた「放出」という概念が、それを解く一つのキーワードとなるようである。放出とは何よりもまず、ある運動が出口を求めて放出されることであり、それが妨げられると、放出に伴っていた情緒は抑圧され、不安に転じるとフロイトはこの時点では考えていた。この放出と後で出てくる備給（Besetzung: 英語訳の造語がカセクシス）という概念は、精神分析の考えを理解する上で重要である。人を駆り立てる衝動であるリビドーは、量的に増大したり減少したりするエネルギーの一種だと考えられるが、それがどこに投入されそこを占拠するのか（備給するのか）、そしてどのように放出されるかが、フロイトの不安論を考える上での重要なポイントとなっていた。ちなみにBesetting は占拠、占領という意味だが、この本では日本で用いられている「備給」の訳語をあてておいた。

三種類の神経症的不安

ここで話は、もう一つの不安である神経症的不安の問題へと移る。この種の不安の第一の型は一般的な不安性であって、いわゆる自由に浮動する不安というものである。いま頭をよぎる観念の内容に加わり、判断に影響を与え、予想し、自己を正当化するためにあらゆる機会に待ち伏せしようと待ち構えている。フロイトはこの種の不安を「予期不安」あるいは「不安な予期」と呼んでいる。この予期不安に悩まされている人たちは、あらゆる可能性のなかから常に最も恐ろしいことを予想し、偶然の出来事をある災難のしるしの意味にとり、不確実なことを悪い意味にとるのである。このような傾向をもった性格の特徴を、不安がりとか悲観的と呼んでいる。この病的状態が不安神経症と呼ばれているものであって、現実神経症のなかに入れられている。この自由に浮動する不安を認知的不安であると考えると、ＤＳＭ－５の全般性不安障害の診断基準におおまかに対応させることができるだろう。

第二の型の不安は、より心理的に縛られ、一定の対象あるいは状況と結びついているもの、危険に感じる対象に対するもの（たとえばヘビ恐怖症）、危険はあるが普通は危険だと感じない対象に対するもの（たとえば人混みに対する恐怖症）、そして普通には理解困難な動物恐怖症（たとえばネズミ恐怖症、ネコ恐怖症など）がある。これらのなかで暗闇や雷、あるいは動物に対する恐怖症のように、大人になってはじめてあらわれるのではなく、はじめから存在するようなものは、転換ヒステリーに非常によく似た病気だということになる。この第二の型の不安は現在、ＤＳＭ－５では特定の恐怖症のなかに位置づけることができるものである。

「不安の等価物」という不安とその象徴化

私にとって興味深かったのは第三の型の不安であって、「不安の等価物」と名付けられた謎めいた性質のものである。そこでは、不安はさし迫った危険によるものではない。この種の不安は、たとえばヒステリーではヒステリー症状の同伴物としてあらわれるか、あるいは興奮の任意の条件の下であらわれてくる。この興奮の際には、情緒があらわれてくることが予測されるのだが、それはまさしく少なくとも不安情緒としてか、あるいはすべての条件から解き放された、私たちにも患者にも理解できない、自由な不安発作としてあらわれるのである。不安状態と名づけられるこの複合体は、ふるえ、めまい、心悸亢進、呼吸困難の個々の強い症状などによって示されるものであるが、不安と呼んでいる共通する感情はそこでは見られないか不明瞭になっているのである。

この不安の等価物とはなかなか理解しにくい概念だが、フリーマンとラッセル[2]（二〇〇三）による解釈を読んで納得できたのでここで紹介しておきたい。彼らは「象徴化と分析的ディスコース」という論文のなかで、脱象徴化の例として、フロイトのいう不安の等価物について言及している。患者が心的緊張を、自分から取り除こうと努力する際に、その努力を反映するような自分の内的状態を、こころのなかに登録、処理、命名しようとする。これが象徴化である。しかしそのことに困難を感じそれに耐えられなくなると、身体的、運動的領域での反応としてすぐさま表出しようとする。これが脱象徴化であり、心的な空虚さという防衛の原初的な様式であり、情緒の早期完了（フォークロージャー）ともいえる現象であるという。

フリーマンとラッセルのこの解釈は、不安の等価物が身体的不安と密接な関係にあることを示唆している。身体的不安は象徴化、つまり認知的不安への反転によって取り除かれようとするわけだが、これができずに早期完了してしまうと、身体的不安の病的状態があらわれるようになるのである（第九章4節参照）。このようにして不安の等価物は、DSM－5のパニック障害と関連した存在だということになるのではないだろうか。フリーマンとラッセルのこの解釈はまた、不安に限らず感情は何らかの象徴化（シンボル化）の過程を経て、感情として姿を現すのだということを示唆している。言い換えれば感情は、ことばによって符号化されることによって、感情としての正当な位置を与えられるということである。次の節で紹介するように、フロイトは内外界から知覚されたものは記憶痕跡として残されるが、その一部分（「記憶の残り」と呼ばれているもの）が言語表象と結びついて意識化されると考えていた。つまり内外界の出来事によって、脅威が起きるかも知れないと感知されたものは記憶痕跡として残されるが、それが認識され思考の一部分としての役割を果たすためには、言語表象との結びつきが必要だということである。不安として認識され、それについて思考をめぐらすことができるためには、このような象徴化の過程が必要となってくるのである。不安の等価物といわれる不安は、この象徴化の過程を欠いた身体的不安なのである。

また興味深いことには、最近の精神分析の領域のなかで、この不安の等価物が現実神経症の特徴である「身体的症状」と結びつけて議論されている[3]。PTSD、つまり心的外傷後ストレス障害には、現実神経症の身体的症状と類似点があるという考えである。人が自分の存在にかかわるような、重篤な事態に直面し、心的外傷（トラウマ）を受けた後で、その衝撃がもとで起きるストレス障害がPTSDである。その発症の原因として、現実神経症が示すような、不安がその等価物としての身体的症状に止まり、ことばによる表現という形をとった象徴化の過程を経ないことから来ている障害だというわけである。PTSDのケアを行う上での、貴重な提言であるように思われる。

不安とリビドーの関係

フロイトの講演に話を戻すと、これからは不安とリビドーの関係についての話が中心となる。不安をリビドーとの関係を中心にして論じていこうとするこのような傾向は、後の『制止、症状、不安』では、不安が自我との関連で議論されるようになるのとは対照的であって、フロイトの初期の不安論の特徴的な視点である。

まず神経症的不安の第一の型である予期不安あるいは一般的な不安については、性的な問題を抱えることによって不安が発生してくることから、不安とリビドーの関係は容易に理解できることだとフロイトは様々な実例を挙げている。たとえば激しい性的興奮の放出が妨げられると、リビドーの興奮は消失し、予期不安あるいは不安の等価物の形をとって不安があらわれる。

さらには性格の形成にも、性的な制限や自由さは関係してくる。不安やためらいは、性的な制限と平行してあらわれ、また性欲の自由な活躍は、向こう見ずな大胆さを伴ってあらわれてくる。さらには、リビドーと不安とが発生論的に関係し合っているという例として、思春期や閉経期をあげている。この時期にはリビドーの生産が非常に高まるが、リビドーと不安とが混じり合ったり、リビドーが不安によって置き換えられたりするのである。

私たちの無意識過程が、意識への何らの抑圧を受けずに経過していく場合、一定の情緒を伴ってあらわれるが、この情緒が抑圧されると、それがどのようなものであれ、またどのような場合であれ、不安にとってかわるという驚くべき性質をもっている。また不安神経症の観察からも、リビドーが正常に利用される道から、方向を転じることによって、不安が発生することが明らかになっている。不安という形をとったリビドーの放出は、抑圧を受けたリビドーの運命であるという。

それでは、このような異常に利用されたリビドーである神経症的不安と、危険への反応に対応する現実不安との間の関係について、どう考えたらよいのだろうか、フロイトは、リビドーが自我と対立関係にあるという、彼の基本的な立場から理解可能だという。不安の発生と発達は、危険に対する自我の反応であり、逃走の開始の信号である。同様に神経症的不安では、自我はリビドーの要求にたいして逃走しようと試み、この内的な危険をあたかも、外からのものであるかのように振る舞うのだと考えるわけである。

フロイトは、このような類推をより確かなものとする例として、小さな子どもが、見知らぬ人を恐れるという現象をあげている。子どもは他者が自分に悪意を持っているがゆえに、自分の弱さと他者の強さを比べるがゆえに、つまり自己の生存や安全、そして苦痛のない状態を脅かすものとして他者を認めるがゆえに怖がるのではない。子どもが見知らぬ人を怖がるのは、子どもが信頼し愛する人、それは基本的には母親であるが、その人に順応しているからである。彼の絶望とあこがれは、不安に姿を変える。つまりその折、宙ぶらりんになって止めることのできない、利用不可能になったリビドーは不安として空にされるのである。子どもの不安と結びついた状況のなかで、出生行為の際の最初の不安状況での条件、つまり母親からの分離というものが繰り返されているということになり、このことが偶然だということはほとんどあり得ないのである。

2　『自我とエス』——不安は経済の原理で動く

自我とエスをめぐる問題

『精神分析入門』の六年後の一九二三年に出版された『自我とエス』では、不安についての記述はあまりない。しかしごくわずかだとはいえ、フロイトの精神分析の、基本的な概念である自我とエスを考察したこの論文のなかで、不安がどのようにみなされているかを検討することは重要だと考えた。まず自我とエスについて。図3はこの論文のなかに掲載された原図に、日本語の定訳を挿入したものである。自我は（das Ich＝わたし）でエスは（das Es＝それ）と定冠詞をつけて大文字で始め、あえて中性名詞扱いとされている。その由来についてフロイトは触れているのだが、この二つの精神分析で最も重要な概念を英訳する際に、それぞれを ego（自我）と id（イド）と訳されてしまった。これ

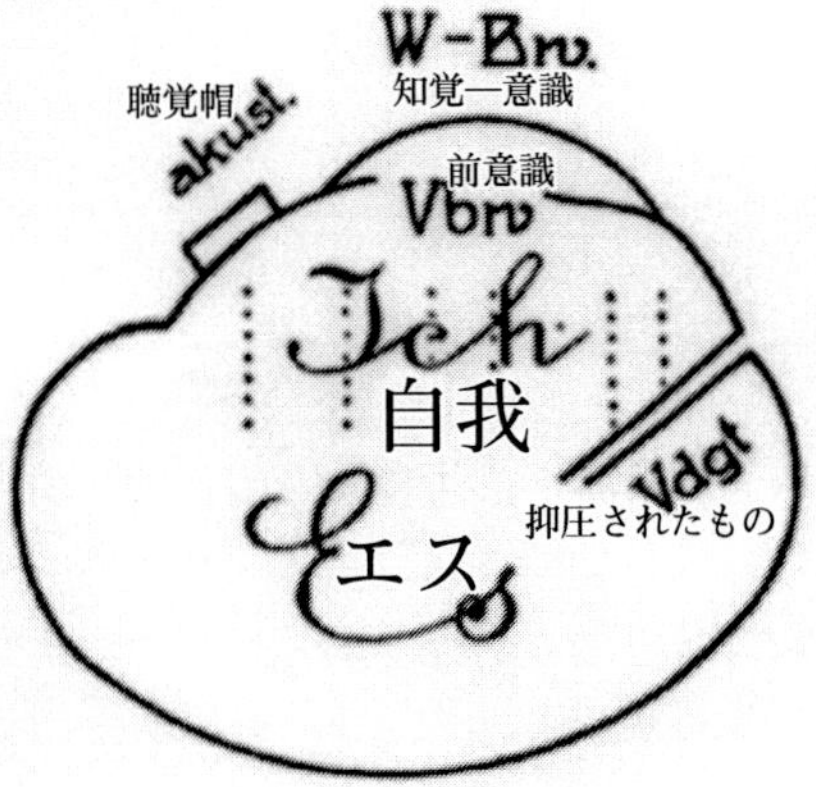

図3　1923年の「自我とエス」に掲載された自我とエスの関係を示した原図に，日本語訳を挿入した図。超自我については本文では言及があるがこの図には示されていない

らの問題点についてもいろいろ議論されているが、ここでは触れないでおこう。

まずは一九二〇年の著作である『快感原則の彼岸』のなかでの、フロイトの思索を検討していきたい。彼はある個人の心的過程を相互にまとめ上げている組織体を想定し、これが自我それ自体だとする。意識は自我にぶら下がっていて、運動への通路、つまり興奮を外界へと放出する通路を支配している。意識は外界からくる刺激や、こころの装置の内部からのみ発することのできる、快不快の感覚を供給するという本質的な役割をもっていて、それは知覚—意識体系（W-Bw）として外部と内部の境に位置し外界に向かっているが、ほかの心的体系をも包み込んでいる。快の性格を帯びた感覚は、それ自体駆り立てるような感じというものはもってはいないが、これに対して不快な感覚は最高度にこれをもっていて、変化と放出へと駆り立てる。エネルギーの備給という観点からすると、不快は上昇、快は低下ということになる。

この知覚—意識体系は、外部の刺激に対しては刺激を選択的に受容するという、刺激保護のはたらきをもっているのだが、内部からの刺激に対してはこのような保護膜はなく、もろにその影響を受けている。このために快不快の感覚は、あらゆる外部刺激に対して優位に立っている。しかし内部興奮による不快の感覚があまりに強いと、内部の興奮があたかも外部から作用したかのように取り扱い、刺激保護という防衛手段を利用するのである。これが投影といわれている、防衛的過程の由来であるという。たとえばケチな人が、相手に対し「あなたはケチだ」などといったりするわけである。

言語表象と結びついて不安はあらわれる

すでに述べたように、意識とは外部からやってくる感官知覚と、感覚と感情と呼ばれている内部からの知覚すべてである。それでは、思考過程と大ざっぱに呼ばれている内的な過程はどうであろうか。ここで重要なのは、言語表象との結びつきがあるかどうかということである。前意識に存在する表象である思想は、言語表象と結びつくことができるので思考となり得るが、無意識に存在する表象は結びつきがないので認識されないままとなる。つまり言い換えると、何が前意識的となるかといえば、それに対応する言語表象との結びつきによってだということになる。意識―知覚体系は内外界の刺激を記憶痕跡として残すわけだが、その一部分（「記憶の残り」と呼ばれているもの）が言語表象と結びつくというわけである。

私は、言語表象との結びつきが可能かどうかということが、無意識と前意識とを区別するものだというフロイトの考えは、非常に先駆的で示唆的だと思った。というのは私が時に触れて紹介してきた、ロシアの言語心理学者のレオンチエフの、「言語的な発話が生み出される際には、まず無意識的な下図としての内的プログラミングがある」という考えや、同じくロシアの神経心理学者のルリアの「思想という内的意図がまずあり、それが内言と結びついて思考となる」という考えとの関連がそこに認められたからである。また不安が、感情として言語化される過程を示唆しているからである。先に述べた、不安が象徴化されずに身体的段階に止まる、「不安の等価物」と名づけられた不安とは、不安が前意識の段階に達していないことからくるもの、ということになるのではないだろうか。快とか不快とかの感覚は、前意識の助けを借りずに、直接に知覚―意識体系の言語表象と結びつけばよいのだが、不安の具体的な内容についての言語表現は、知覚―意識体系における記憶の残りかすか、あるいは前意識における思想が、言語表象と結びつくことによって行われることになる。つまり直接に知覚された不安の感覚というものは、多くの場合にゆがめられた形で意識されるという図式がそこに描かれているのである。[4]

ここでまた、フロイトの「自我とエス」での記述にもどろう。自我は、その核である知覚体系（W）から出ており、第一に記憶の残りに依存している前意識（Vbw）を含んでいる。自我がその表面に乗っているエスは、それとは別個の心理的なものであり、無意識であるかのように振る舞っている。そこでは快感原則が、他からの拘束を受けることなく支配しているが、自我はそこに現実原則を持ち込もうと努めるわけである。このように自我はエスの一部分であり、それはエスが知覚―意識体系の媒介のもと、外界の直接的な影響を通して変容したものである。自我はエスとははっきりとは分かれておらず、エスとともに下の方に流動する。抑圧されたもの（Vdgt）もまた、エスとともに流動するが、それはエスの一部分に過ぎない。この抑圧されたものは、抑圧の抵抗を受けて自我とははっきり分かれているが、エスを通して自我と交流することができる。

聴覚帽と大脳解剖学についてのフロイトの考え

「これらの関係については、見取り図を作ることができるが、その輪郭はもちろん説明に使うものであり、特別な意味を必要とするものではない。ただ自我が『聴覚帽（akust.）』をかぶっていて、大脳解剖学の示すところによれば、片側だけにあるということを付け加えておこう。聴覚帽はいわば斜めにのっているのである」とフロイトはいう。なぜ帽子が、聴覚に由来するものでなければならなかったかについては、自我つまり「わたし」という言語表象が形成されていくなかでの、その聴覚的記憶イメージの役割を、フロイトが重視したことからくるものではないかと私は想像している。

自我がどこから来て、どのようにしてエスから分離したかについては、知覚体系（w）の影響のほかに、自分の身体の表面の知覚があるとフロイトはいう。身体的自我の座である身体の表面では、知覚体系と同様に、外界と内界の知覚を同時に生じさせることができる。たとえば何か固いものが身体にあたると、その存在を知覚すると同時に、痛いという内部感覚が生じる。これは自我の意識化された部分といえるのではないだろうか。身体的自我は、「大脳皮質で上下逆になり、かかとを上に伸ばし、背中の方を見て、言語野を左にもった『脳のなかのこびと』という解剖学的類推と同一視することができる」とフロイトは述べている。

自我と不安の関係について述べるためには、図3には含まれていなかった自我理想あるいは超自我と呼ばれる、自我内部における分化についてのフロイトの考えについて述べておく必要があるだろう。超自我の概念は、不安についてのこの時期のフロイトの考えを理解する上で、非常に重要だと思われるので、私なりのまとめを述べておきたい。

彼は一九一三年の『トーテムとタブー』あるいは一九三九年の『人間モーゼと一神教』のなかで、後に精神分析の学問的神話と呼ばれるようになった説を披露している。それはダーウィンが一八七一年の『人間の由来』で述べている、原始時代の人類の社会的状態についての仮説に依拠しながら、それに人類学者アトキンソンの推定を付け加えて述べたものである。それによると人類の祖先は、原父ともいうべき父親のもとで、一夫多妻の専制的支配の群れをつくっていたが、あるとき息子たちは力を合わせて父を殺し、その肉を食べてしまった。原父殺しによって罪の意識が生まれ、殺人や近親相姦を禁じる道徳、つまり超自我が発生し、原父を祭ることから宗教が生じてきた。エディプスコンプレックスはこの原父殺しという系統発生的な、「人類の神経症（『幻想の未来』、一九二七年）」としての出来事が、個体発生として繰り返されたことのあらわれである。

これらの学問的神話については、「超自我の自我に対する関係は、『お前はそのように（父のように）あるべきだ』という警告につきるのではなく、『お前はそのように（父のように）あってはならない。すなわち父の行うことすべてを行ってはならない。多くのものが彼のために留保されているのだ』という禁止を含んでいる。自我理想のこの二面は、自我理想がエディプスコンプレックスの抑圧の世話を焼かされているという事実に由来している」とフロイトは述べている。

しかしこのような神話はあくまでも神話であって、実証的な資料に裏付けされているものではないことをここで強調しておきたい。このような神話を用いなくても、超自我の発生と存在意義については、十分に論じていけたはずである。それに比べると出生時における不安の原型ともいうべき現象については、説得性のあるものだと私は評価している。「人類の神経症」を述べるとするならば、父親殺しの神話によるのではなく、出生時における不安の原型の発生によるべきだったのではないだろうか。

自我は不安の本来の場所である

これから、一九二三年の『自我とエス』、そして一九二六年の『制止、症状、不安』のなかでも、「自我は不安の本来の場所である」という同じ文として繰り返される基本的な考えについて検討していきたい。自我は外界からの脅威、エスのリビドーからの脅威、そして超自我の厳格さからくる脅威という、三種類の脅威に脅かされている。不安とは危険からの退却の表現である。三種類の危険に脅かされ、自我は逃走反射を発達させることになるが、そこでは自我は、さし迫った危険の知覚、あるいはエスのなかで同様に査定された過程、これらから自分自身へとエネルギーが備給されることを引っ込めさせて、その代わりに不安として支払うのだと、『自我とエス』のなかではフロイトは述べている。

この論文ではさらには、去勢不安、良心の不安、死の不安など、諸々の不安について簡単に述べられることになるが、それらはリビドーの源泉であるエスとの関係ででてくるものである。「自我は不安の本来の場所（すみか）である」とフロイトが提起したのは、自我は超自我とエスに囲まれ、脅威のエネルギーが自分に至り、備給されるのをやめさせる代償として不安を生じさせるというように、経済の論理ではたらくのだという考えからきている。つまり不安の源泉は経済の原理で動くリビドーだというわけであった。しかしその提起については、次に取り上げる新たな見解のなかでは、取り下げられ、違った意味合いのなかで展開されていくことになる。

3 『制止、症状、不安』──不安は自我が生産する

一九二六年に出版された『制止、症状、不安』で、フロイトの不安に関する考えは最終的な段階を迎えたといわれている。題名にある「制止」とはHemmung, inhibitionのことで、次の第三章にでてくるグレイの行動抑制システムでいう抑制も、inhibitionの日本語訳である。しかも抑制と同じ意味内容なのだが、混乱を防ぐために、この部分ではフロイトの訳書での「制止」ということばをそのまま使っていくことにしたい。制止とはあるはたらきの低下を意味していて、はたらきが正常な場合と異常な変化がある場合の双方に使うことができる。したがって制止が症状であることもあり得ることになる。症状とは機能の低下に通常とは違った変化のある場合のことである。

制止とは自我機能の制限である。このような観点から、不安と制止との関係を理解することができる。制止とは、不安を生じさせる恐れのあるはたらきを放棄することであることが多く認められているが、フロイトは多くの女性にみられる、性的機能についての恐れをその例としてあげている。彼は制止の機能として性的機能のほかに、食や歩行への関心の減退、そして労働における喜びの減退をあげている。

原型的な経験としての出生の不安

不安には、①独特の不快の性質、②放出の行為、③これらの行為の知覚が存在していて、②と③の特徴が痛みや悲嘆と不安とを区別するものとなっている。ここでいう放出とは、不安に伴って呼吸器官や心臓のはたらきが運動面で変化する際に、神経興奮の伝播するさまをあらわしている。不安はこのようにして、不快の性質を生み出す興奮の増大と、放出のチャンネルを通しての軽減という二つの側面をもっている。不安のこのような二側面は、ほかの情緒の状態にも当てはまるものであるが、それらは古い、生活上重要な、場合によれば前個人的な（vorindividuell, pre-individual）経験の再生産である。

不安の示すこのような性格は、出生という原型的な経験のなかに示されている。出産の際には、呼吸器官にむけられた神経興奮の伝播は、肺の活動へと方向づけられ準備されているが、これは心拍数を加速させ、血液が毒されないようにするためであるという。不安がもしこのような神経興奮の伝播と関係しているとすれば、それは危険を予知し、危険を生じさせるような状況を防止する信号を送ることであった。

しかしここでいう出生の危険とは、心的内容を含んでいるものではない。自分が生命破壊の出入り口の一つにいる可能性があることを、胎児が何らかの方法で知っているなどと仮定することはできないとフロイトはいう。膨大な興奮の集まりがはいりこみ、新式の不快感覚が生じ、多くの器官は備給の高まりを強いられる。そのさまは、やがて生じる対象への、備給の前奏曲のようなものである。しかし新生児が、どのような心的状態にあるかは、ほとんど知られていないという。新生児は、出生の出来事を想い出させるすべての状況で、不安の感じを繰り返すのだと述べることはたやすい。何を通して、そして何について想い出されるのかという、重要な観点への答えは残されたままであるとフロイトは述べるのであった。

オットー・ランクは、一九二四年の『出生のトラウマと精神分析に対する意味（邦訳書名：出産外傷）』と題した本で、新生児は胎児の折の子宮内での幸福な存在が、特に暗闇の世界から明るい世界へと、出生時に急激に変化することによって、心的外傷（トラウマ）を受けると主張した。特に視覚的な感覚からくる印象を、出生時に受けたことが記憶に残り、この記憶がよみがえる際に不安が生じるというわけである。フロイトは、幼児が出生の折に、触覚や体感覚以外の感覚を保持したとは考えられず、またランク説では、子どもが暗闇を怖がることを説明することはできないとして批判した。

最も原初的な不安としての原不安

それでは子どもの不安は、どこから来るのだろうか。フロイトは子どもが一人でいるとき、暗闇にいるとき、あるいは母親のような、いつもそばにいる人の代わりに、見知らぬ人がいるときに子どもが不安がることから、三者に共通したもの、つまり愛する、待ち望んでいる誰かがいないことに気づくということであると考えた。最も原初的な不安（「原不安」）は、母親からの分離の際に生じるとフロイトはいう。幼児が母親を目で追い、抱かれることを欲する理由は、母親が自分の欲求すべてを、すぐさま満足させてくれることを知っているという理由からだけである。他方危険とみなされ、そこから保護されたいと幼児が願う状況、それは欲求からの緊張が増大することからくる不満足な状況であるが、この状況に立ち向かうに際し、幼児は無力である。

この満足できない状況では、刺激作用の量は不快なものでいっぱいになるが、それをこころで受け止めたり備給したりする能力のない幼児にとっては、出生時の体験と類似したものであり、危険な状況の繰り返しであるに違いない。幼児がかつて新生児の頃に、内部刺激を除去するために肺活動を行ったように、ここでみられる幼児の不安反応は目的にかなったものであり、呼吸と発声の筋肉活動に向けられたエネルギーの備給の方向は、母親を呼び寄せるものとなるのである。

ふたたび、自我は不安の本来の場所である

幼児は経験を通して、自分が恐れていた危険な状況とは、対象が喪失されることであることを知るようになってくる。つまり備給といった、リビドーの移動の方向と量によって支配されているという、経済的な論理に従うような、自動的で不随意的な不安を新たに生産するのではなく、危険の信号としての不安を意図的に生産するという方向への移行である。不安にはその起源をたどれば二つあることになる。その第一は不随意的で自動的な、つねに経済的に動くような、出生時に似たような場面でみられるものである。第二のものは、自我によって生じるものであって、それを避けることが求められているような状況下で生じるものである。幼児にみられる不安反応の変化を、このように捉えようとしたフロイトは、かつての自分の見方を振り返って次のように述べている。

「抑圧によって取り除かれた備給が、不安を放出する際に利用されるのだと私はかつて述べたことがあった。この考えは、現在の私にとってほとんど価値のないものである。かつて不安はどのような場合でも、経済の論理で動く過程を通して自動的に発生するものと考えていた。しかし今や不安は、

快―不快の審判に影響を与えるという目的のために、自我が意図した信号であって、経済的要因を考慮する必要性は無用なものとして捨て去られたのである」。

「自我は不安の本来の場所である」と、『自我とエス』のなかで述べられたことばについては、この新しい見解に照らしてみても適切なものである。しかし超自我が、何らかの不安のあらわれであるとして、そこに役割を割り当てようというつもりはない。さらに「エスの不安」という表現となると、訂正を要するとフロイトはいう。エスは自我とは違って、不安をもつことはできない。エスは組織体ではなく、危険の状況についての判断を下すことができないからである。以前は、抑圧された欲動の興奮のリビドーが不安の源泉であるとするのが当然だと考えていた。しかし新しい考えでは自我がむしろ不安の責任を負うのである。つまり自我不安か欲動（エス）不安かということになる。自我は脱セックス化されたエネルギーとともにはたらくので、新しい考えでは不安とリビドーの親密な関係はゆるめられるのである。

別の箇所でフロイトは次のように振り返っている。このようなことを想い出すのは愉快なことではない、しかしそのことを否定してもしようがない。自分はこれまで何度も、抑圧を通して衝動の代表物はゆがめられ、置き換えられたりするが、衝動興奮であるリビドーが不安に姿を変えるのだ、抑圧された興奮の備給エネルギーが、自動的に不安に姿を変えるのだと述べてきた。つまり抑圧が不安を生み出すと考えていたのだがそうではなく、抑圧を生み出すのが不安なのだと改めなければならないというのであった。

不安は自我の欲動のあらわれである

しかし一九三〇年の『文化への不満』ではさらなる展開がみられている。それは、精神分析の観点からの西洋の文化や社会への批判のなかでの不安論の展開である。原父殺しによって、人類には超自我が発生してきた。そこから良心や宗教が生じてきた。人類が本来的に所持していた攻撃の快楽は内側に向けられ、内面化され、それが発生した場所である自分自身の自我に向けられる。それは超自我として自我と対立関係になった自我の一部分に取り入れられ良心となる。厳格な超自我と超自我に支配された自我の間に発生した緊張関係が罪の意識である。文化は個人の危険な攻撃の快楽を弱め武装解除する。自我は超自我によって監視されるのである。

「罪悪感は不安が局部的に変種になったものに他ならないが、後の相では超自我に対する不安と全く同時に生じてくる。そして不安においては、意識との関係では同様の特別な変種が姿を見せるのである。すべての症状の背後に不安は何らかの方法で潜んでいるが、不安は騒々しく不当に意識を自分に要求したり、あるいはまた全く隠れたりするので、無意識的な不安、あるいは純粋に心理学的な観点からは不安は単なる感覚に過ぎないので、不安の可能性とかいわざるを得ないのである」。

不安は、超自我とそのあらわれである良心や罪悪感、これらと自我の緊張関係「のすべての根底にあって、これらからの批判的な審級に直面していて、それは自らに罰を与えようとする自己処罰の欲求であり、サディスティック（加虐的）な超自我の影響を受けて、マゾヒスティック（被虐的）になった自我の欲動の発現である。不安は、まだ自我のうちに残された欲動の一部を内的な破壊のために使うことで、超自我との間でエロス的な関係を構築しようとするのである」。

ここでいうエロス的（エロティックな）関係でいうエロスとは、死の欲動であるタナトスと対立する関係にある、生の欲動としてのエロスのことである。エロスのエネルギーがリビドーなので、そのリビドーとはすでに「脱セックス化されたエネルギー（一九二六年）」だということになるが、マゾヒスティックという用語が出てくるところをみると、不安は完全には脱セクシュアライズできていない。このようにして、フロイトの不安論には、時代に応じたいくつかの矛盾が常に内包されているのである。彼はこのときには、第二次大戦の予兆を感じて非常にペシミスティックになっていた。

第三章　グレイによる不安の神経心理学的理解

アイゼンクの後継者としてのグレイ

この章では、その研究方法と人生観でフロイトとよく対比される、パブロフの流れをくむイギリスの心理学者グレイ（一九三四―二〇〇四）による不安の考えについてくわしく紹介したい。フロイト（一八五六―一九三九）とパブロフ（一八四九―一九三六）はほぼ同時代を生き、それぞれの領域ですぐれた研究を行ったが、両者が学問的に交わることは一度もなかった。後世の人たちはさまざまな立場からフロイトとパブロフの理論体系を比較し評価しているが、不思議なことにはパブロフにくみする側からのフロイト批判が大部分である。日本ではウェルス著の『パブロフとフロイト（中田・堀内訳・黎明書房・一九六六）』がよく知られている。

私は本書で、パブロフの流れを汲むと自らも述べているグレイの不安論をフロイトの不安論と比較してみて、不安についての新たな方向を探ってみたいと考えた。グレイは著名なイギリスの心理学者アイゼンクの弟子であり、彼の後を継いで、キングズ・カレッジ・ロンドンの精神医学研究所心理学部門主任をつとめた経歴を持つ神経心理学者である。彼には『パブロフの類型学』『パブロフ』という著作もあり、自分の立場をパブロフとアイゼンクの折衷だとも述べたことがあった。グレイは二〇〇四年に亡くなったが、その考えはその後多くの研究者によって引き継がれている。グレイは一九八二年に『不安の神経心理学』を出版したが、二〇〇〇年にマクノートンとの共著[1]でその改訂版を出している。以下この改訂版およびマクノートンをはじめとするグレイの共同研究者の、最新の論文の内容を中心にして述べていくことにしよう。

はじめグレイは、動物が外敵に対処するなかから感情が発生してきたという考えにもとづいて独自の感情論を展開していた。彼は基本感情として激怒と恐怖、不安、喜びの四つをあげ、生命の危機にさらされて生きている動物たちにとっては、相手に対する攻撃に伴う感情は単なる怒りではなくて、激しい怒りを意味する激怒でなくてはならないとしている。また恐れは危険や苦痛、脅迫などの回避に伴う感情であり、恐怖（テラー）とは命の危険にさらされることの回避に伴う感情のことを意味するが、これは彼が感情を進化的に考察しようとしたその基本的態度からきている。ちなみにテロとは、テラーまたはテロリズムの和製英語である。しかし二〇〇〇年の本では、感情は恐れ、喜びと希望、そして不安となっている。このような変化は、不安を考える上では、激怒や恐怖は必要ないという考えに基づくものと考えられる。

グレイとマクノートンの本は大変刺激的であると同時に、相容れない他の研究に対しての考慮はあまりない。彼らによれば脅威というものは、系統発生的に共通しているだけでなく、脅威に対する生理的行動的な反応を見ると、種を通して共通だという。彼らが実験で用いた魚、鳥、ネズミ（ラットとマウス）、ネコ、イヌ、ブタ、サルそして人にみられる抗不安薬の作用に関する研究から、不安は系統発生的に古く、すべてに共通しているものだと考えた。つまりたとえば魚にも不安はあり、基本的には人の不安と同一だということになる。不安それ自体が系統発生的に古いというこの考えは、「（エディプスコンプレックスのような突飛な考えに頼るような、）人類の不安の基本的なしくみを人類特有なというういい方で説明しようとするいかなる試みをも大いに腰砕けにしている」と述べ、フロイトを間接的に批判するのだった。しかしあえてフロイトの名前を挙げずに行ったこのような批判は、グレイの心の奥にあるわだかまりを暗に示しているように私には思われ、興味深く感じた。

1　恐れと不安のあらわれ方は異なっている

それでは彼らの不安論は一体、どのような研究にもとづいているのだろうか。その基本となった研究は主に、彼らの共同研究者のブランチャードとブランチャードによるものである。彼らはアリーナと名付けられた約一メートル二〇センチ四方の空間の隅に、ネズミに気づかれないように赤外線観察のできるL字型の「見える隠れ場」を設け、ネズミの行動を観察した。アリーナの隅には、食べ物と水を得ることのできる場所がそれぞれ離れて設けられている。このアリーナにネコが突然あらわれ、そこにいるネズミたちの脅威の対象となるという設定である。ブランチャードとブランチャードによれば、ネコがすぐ目の前にいれば防衛的な闘争反応が起きるが、そうでなければ隠れ場に逃げ込み、行動を抑制し、フリーズしたままでいるという、恐れによる逃避反応が起きる。ネズミの防衛反応が闘争と逃走のどちらに向かうか、その方向はネコとの距離によって決定されるわけである。

ネコが実験者によって取り去られしばらく時間が経つと、ネズミは隠れ場から用心深くアリーナに近づきはじめ頭を突き出す。しかし行動が活発になりアリーナに入っても、食べるといった非防衛的な行動は抑制されている。ネコの代わりにネコの匂いをアリーナ内に放つと、ネコの場合と同様な行動パタンは認められるが、行動が抑制された状態での時間は短い。ネコが去った後での行動とネコの匂いに対する行動が似ていることから、彼らは「潜在的ネコ」への反応だと考えた。彼らがリスク評価（リスクアセスメント）と名付けた行動は、時折のためらいがちな接近、立ち上がり周囲を走査（スキャン）する、あるいはある特徴的な姿勢を示すといったものである。このリスク評価的な行動が、不安と関連した指標だと考えられている。

ブランチャードとブランチャードは、捕食者と被食者の間の距離が、攻撃や逃走あるいはフリージングに与える影響を細かく計測するために、捕食者としては人、被食者としては野ねずみを使って実験している。そこで使われた測定指標が恐れ／防衛テストバッテリーと呼ばれるものである。他方ネコが捕食者でネズミが被食者であって、不安を測定するためのものが不安／防衛テストバッテリーである。彼らは実験者が野ねずみの前にあらわれる事態を「実際の脅威」、そしてネコをネズミに接触しないように短時間提示するか、ネコの匂いが提示される事態を「潜在的脅威」として区別している。

ここで、ブランチャードとブランチャードが行った実験場面を振り返ってみたい。食べ物と水の場所は見える隠れ場ではなくて、そこから最も遠い隠れ場と反対のアリーナの隅に置かれている。いずれネズミは隠れ場から外に出て、食べたり水を飲んだり、あるいはアリーナで遊んだりしなければならない。つまり実験場面は、自然環境下でネズミが遭遇するであろうと考えられる状況を模して作られていたということである。グレイとマクノートンの不安論を評価する際には、このことは重要な事柄である。

恐れと不安に対する抗不安薬のはたらきは違う

それでは実際の脅威と潜在的脅威という二つの事態で、抗不安薬の効果はどのようにあらわれたのだろうか。グレイらは、抗不安薬を与えるネズミの群（実験群）と抗不安薬が与えられないネズミの群（対照群）の間の行動の違いを比べて抗不安薬の効果を確かめている。その結果、動物行動学的に見ると、実際の脅威と潜在的脅威がそれぞれ独立した別個のものだ、ということがおおむね支持されたものと彼らは考えた。まず実際の脅威に直面した際の抗不安薬の効果についてだが、恐れ／防衛テストバッテリーによる測定結果からは、捕食者を回避したり、逃走したり、フリーズしたり、あるいは咬んだりする行動には抗不安薬の効果はみられなかった。他方発声や防衛的威嚇の減少が認められている。彼らはこの発声や防御的威嚇の減少の理由については何も述べてはいないが、これらの指標の減少は恐れの減少を示すものといえるのではないだろうか。そうだとすれば抗不安薬は、限定的だといっても恐れの感情の抑制にも効果があることになる。

ところでもう一方の、潜在的脅威ではどうだったろうか。ここでは「時折のためらいがちな接近、立ち上がり周囲を走査する、あるいはある特徴的な姿勢を示す」といったリスク評価的行動が比較されている。ネコが実際に短時間提示されてから時間が経過すると、隠れ場にいた対照群のネズミは、フリージングから高水準のリスク評価的行動へと移行し、最後には低水準のリスク評価的行動へ、そして最終的には正常な日々のルーチンへと進んでいく。

一連の不安をみる具体的なテストをしてみると、ネコを提示するという条件ではリスク評価的行動は少ないが（対照群）、投与によって増大する（実験群）という結果だった。それではネコの匂いを嗅ぐという条件ではどうだったかというと、リスク評価的な行動は高く（対照群）、抗不安薬を与えられた実験群では減少していた。ネコを提示すると抗不安薬はリスク評価的行動を増加させたが、匂いを嗅がせた場合には低下させるというように、違ったはたらきをしたことになる。この結果から、リスク評価的行動の抗不安薬投与による変化は、効果的な防衛の距離が増加したこと、したがって不安の減少として解釈可能であると彼らは述べている。

彼らの説明があまりに簡単すぎて理解しにくいと思われるので、私なりに解釈してみると次のようになる。ネコが提示された条件では脅威は強いので、脅威に対する防衛の距離を遠ざけなければならない。対照群では脅威が強いので、ネズミは恐れの状態にあってまだリスク評価的行動に出ることは少ない。抗不安薬は防衛の距離を増加させるようにとはたらくので（つまりネコが遠くにいるようになること）、抗不安薬を与えられた実験群のネズミにとって、ネコは現実の脅威ではなく潜在的脅威として作用する。ネズミは不安の状態にいることになり、リスク評価的行動が表面化してあらわれたということになる。もう一方のネコの匂いを嗅ぐという条件では、潜在的脅威の状態でありネズミの不安が問題となる。抗不安薬は防衛の距離を増加させるようにはたらくので、薬を与えられた実験群のネズミの不安は減少し、結果的にリスク評価的行動の減少となってあらわれる。薬を与えられなかった対照群では、不安がそのままリスク評価的行動となってあらわれたというわけである。

このようにして彼らはネズミが示す不安に関した行動をうまく説明するのだが、人の不安行動となるとどうもうまく行かない場合があるようである。その原因を解明するにはまず、彼らが不安と恐れを区別する根拠について考える必要があるだろう。ネズミに恐いか不安なのかを尋ねるわけにはいかない。それで外側にあらわれる行動から区別しようとしたのであった。まずネコという脅威に対するネズミの行動には、回避（逃避）と接近の二つがあることがわかった。もう一つ、抗不安薬（古典的なものから新しい薬剤を含めて）の効果が人とネズミで類似していることから、抗不安薬によって変化するネズミの接近的行動を不安によるものだと考えたわけである。しかしそのような考えの問題点は、人のヘビ恐怖症に対する抗不安薬のはたらきを見た、グレイらの研究で示された解釈のなかにあらわれているように私には思われた。

ヘビ恐怖症は本当にヘビが恐いのだろうか

この研究ではヘビ恐怖症の患者に、恐怖の対象を含んだスライドを出したり、生きたヘビを見せてそれに近づくようにと要請したりして抗不安薬の効果を確かめている。ヘビのような単純な対象に対する恐怖症が、目の前の、あるはっきりとした位置を占めている捕食者に対する能動的な回避であると考えるならば、それは不安ではなくて恐れということになる。それでヘビ恐怖症に対して抗不安薬は効果がなかったのだと、彼らはその結果を解釈している。

しかし患者がヘビに最も近づき、自己評定による主観的な恐れが最高水準になったときにだけ抗不安薬の効果があらわれ、身体的な回避をあらわしたときには効果があらわれないという結果がでてきた。問題はそれに対する次のような彼らの解釈である。もし言語報告が、ヘビに接近するようにという実験者の要請を予期しそれに頼って行われているとするならば、それはヘビ自体の回避ではなくむしろリスク評価を反映していることになるというわけである。治療場面というものは、恐れと不安との区別がつきにくい場面の一つである。たとえば実験者がヘビを出すということは（野原で突然ヘビがあらわれるのとは違って）、この実験が倫理審査委員会の承認を受けているのだから、治療の途中でヘビに咬まれるような可能性はないはずだと患者は気づいていると思われるので、実際の脅威としてではなく、潜在的な脅威として受け取られることになるのだ！（感嘆符は原文のまま）さらに実験者によるヘビの提示は、ヘビへ接近しなければならないというプレッシャーをうまく患者に創り上げたに違いない。危険の潜在的な源への接近は、不安／防衛テストバッテリーの第一の特徴であると彼らは考えるのであった。

私は次のように解釈した。ヘビは、患者の一番恐いという自己評価が示すように、潜在的な脅威ではなく実際的な脅威である。またヘビ恐怖症はその定義からして、ヘビに咬まれるのが恐いためだけではない。ヘビそのものが恐いのである。したがってヘビは危険の潜在的な源ではなく、実際の脅威としてはたらいているはずである。脅威が潜在的である場合には不安が生じ、目前にある実際の脅威としてはたらく場合には不安ではなく恐れなのだとして区別したところに問題があった。実際グレイとマクノートンの本では、不安の概念は潜在的脅威に対する反応として限定的に使用されたり（次節の図4参照)、あるいはもっと幅広く、目標行動間のコンフリクトとして、たとえば脅威に対する回避と脅威に対する接近のあいだのコンフリクトとして説明されたりしている(次節の図5参照)。この例にならうならば、ヘビに対する実際的な脅威に対する強い恐れと、無理矢理に接近させられた結果もたらされた、ああ何ともなかったのだなという安堵のあいだのコンフリクトを静めるはたらきをもったものとして、抗不安薬の効果は説明可能だった。ちなみに、日本でも精神障害の診断マニュアルとしてよく使われているDSM-5では、ヘビに対する恐怖症は不安障害という大きな診断カテゴリーのなかに位置づけられていて、恐れと不安とは、同じ範疇に入れられているのである。

2　不安はコンフリクトによって生じる

このようにしてグレイとマクノートンの不安についての考えは、問題があるとはしても、不安のなかの接近的な成分を指摘した点において大変魅力的である。彼らが参照したブランチャードとブランチャードの実験装置は、直接的な脅威の源だったネコが去った後、アリーナで水を飲み、えさを食べたり遊んだりするためには、脅威の源の方に接近しなければならないように設定されていた。不安には確かに接近的要素が含まれている。卑近な例をあげるならば、お化け屋敷で恐い恐いといいながら近寄っていくのはまさに、不安の接近的事態を指していると考えられるのではないだろうか。

生命に直接関わる闘争・逃走・フリーズシステム

闘争・逃走・フリーズシステム（Fight-Flight-Freeze-System、略してＦＦＦＳ）は、人以外の動物では最も重要な、生命に直接関わる重要なシステムである。旧版では闘争・逃走システムと呼ばれていたが、新版ではこれにフリーズに関するシステムが加わっている。闘争よりも逃走を重視し、またブランチャードとブランチャードの実験を考慮した結果だと考えられる。旧版の闘争・逃走システムにフリーズの概念が付け加わったのは、このシステムがフリーズ（立ちすくみ）という現象と関係していることを新たに示すためである。したがってこのシステムに関係する感情は、闘争＝怒りから逃走＝恐れに変わっている。つまり接近から回避へと向きが変わった結果、感情は怒りから恐れへと変わったことになる。

表1は、グレイの共同研究者だったピッケリングとコー[2]のまとめの文章を参考にして、私が表として作成し直したものである。闘争・逃走・フリーズシステムの内容が、このように変化した結果、グレイのこのシステムは動物を対象にすると同時に、人を対象とする感情モデルともなることができたといえるようである。野生動物では、自分より強い外敵に出会った場合、すぐさま逃走するだけではなく、逃走が不可能な場合には闘争して相手をひるませることは、生存にとって重要な課題であった。しかし、命に危険を及ぼす外敵に接することの少ない、文明社会で生きている人類の多くにとっては、危険に立ち向かうよりも危険を避ける方がより有効な方法である。災害時でも同様である。対処するに有効な方法は、旧モデルで主な役割をもっていた闘争ではなくて、その場からの逃走なのである。

表の闘争・逃走・フリーズシステムの欄にある嫌悪刺激とは、不愉快なあるいは罰となる刺激のこ

表1　ピッケリングとコー（2008）の記述を参考にして坂野がまとめたもの

闘争・逃走・フリーズシステム（FFFS） ・あらゆる嫌悪刺激に対する無条件反応および条件反応を引き起こす ・回避および逃避行動の原因となる ・恐れの感情を引き起こす ・関連するパーソナリティ要因：恐れや回避傾向 ・臨床像：恐怖症およびパニック
行動接近システム（BAS） ・あらゆる欲求刺激に対する無条件反応および条件反応を引き起こす ・欲求が充足されるという予期による喜びや希望の感情を引き起こす ・関連するパーソナリティ要因：衝動性や楽観主義，欲求指向性 ・臨床像：常習性の行動，ハイリスクの衝動的行動
行動抑制システム（BIS） ・目標間コンフリクト（FFFS-BAS，BAS-BAS，FFFS-FFFS の間の葛藤）一般の解決 ・不安の感情を引き起こす：優勢なコンフリクトする行動の抑制，リスクへの接近，目標間コンフリクトの解決に役立つ記憶や環境を走査する ・関連するパーソナリティ要因：不安傾向 ・臨床像：全般性不安障害

とで、人はこの刺激を止めるために、生得的な反応である無条件反応、あるいは学習の結果としての条件反応によって回避行動や逃避行動をすることになる。無条件反応あるいは条件反応が起きることによって、生体が嫌悪刺激のはたらきを止めることができれば不快さは収まり、結果として生起した反応は、生体にとっては快をもたらす適応的なものとしての効果を発揮することになる。

このように、生体に快をもたらし刺激と反応の結びつきが強まることを強化という。たとえば災害時に回避行動や逃避行動が起きてうまく行った場合、その行動は強化され次の事態に備えることになる。あるいは高所での恐怖心も、このシステムのはたらきだということになるが、高所をうまく歩き回ったり、高所からうまく降りたりすることができれば恐怖心は収まってくれる。恐怖心を収めてくれた行動は強化され、また高所に行った際の行動で利用されることになる。しかし高所での回避がうまく行かなかった場合には、その行動は強化されることはなく、新しい解決策が見つからなかった場合にはパニックに陥ってしまうだろう。

また日常生活では、いやな事柄や対象を避けるといった行動としてあらわれてくるだろう。さらには、虐待を受けた際に経験する恐怖の感情はこのシステムを異常に駆動させ、それが固着してしまうと様々な症状を引き起こすことになる。恐怖の感情を低下させたり、別のポジティブな感情に向けさせたりするような行動を強化することによる治療法が行動療法であり、行動よりも認知的なはたらきを重視したのが認知療法だということになる。このようにして、この闘争・逃走・フリーズシステムは自然における脅威だけでなく、社会的人的脅威と関わりのある重要なシステムとなっている。

生活のなかで経験として学習されたこのシステムのはたらきとは別個に、生得的な特徴としてもこのシステムは姿をあらわしてくる。このはたらきが生まれつき強い人は、恐れ傾向あるいは回避傾向の強いパーソナリティだということになるだろう。このシステムのはたらきが病的になると、恐怖症やパニック症状が出てくるが、このような病的なあらわれについては、後の章でまとめてくわしく述べることにしよう。

欲求の充足と関わる行動接近システム

第二の行動接近システム（Behavioral-Approach-System、略してＢＡＳ）では、条件反応的な行動や無条件反応的な行動を引き起こす条件刺激や無条件刺激は、すべて欲求を満たすという報酬的意味をもっている。それは闘争・逃走・フリーズシステムでの罰的意味とは全く逆である。イヌを使ったパブロフの条件反射の実験の大部分は、食事を無条件刺激として行われたが、グレイの分類からいうとこの行動接近システムに属することになる。

行動接近システムでは対象を獲得することが行動を強化するが、闘争・逃走・フリーズシステムでは対象を回避することが行動にとっての強化となる。欲求が充足されるであろうという予期は喜びとなりまた希望となる。ここでいう欲求とは、食や性といった生理的側面の強い欲求だけではなく、日常生活上の楽しさを求めるといった幅広いものである。

そのなかには思い切って好きなことをしたい、羽目を外した行動をしたいという、常習化した日常行動からの離脱の願望も含まれている。このようなことから、この傾向が強いと、衝動的パーソナリティあるいは楽観主義的傾向の強さとなってあらわれてくることになる。この病理的あらわれとしては、たとえばギャンブルにのめり込むといった行動や、快感を求めてハイリスクな活動に衝動的に入っていってしまうといった行動がある。社交的で衝動的であり興奮しやすいといった点でこのシステムは外向性と関係深いと考えられている。

不安に直接関わる行動抑制システム

第三の行動抑制システム（Behavioral-Inhibition-System、略してＢＩＳ）が不安と直接的に関連するシステムである。ブランチャードとブランチャードの実験を紹介する際に述べたように、グレイとマクノートンの不安理論は主として、ネズミについての動物行動学的実験に基づくものから出発していた。このような観点からマクノートンが一九九三年に発表した論文のなかにあった図に、DSM－Ⅲ－Rに基づく不安障害の分類と、彼らが想定した対応する脳の部位を下に付け加えたのが図4である。

これまで述べてきたことからわかるように、図の左半分は闘争・逃走・フリーズシステム、右半分は行動抑制システムと関係する部分である。そこではっきりとは述べられていないものの、彼らの考えからすると、この図4は人以外の動物にも適用できるということになるが、やはり人に適用した場合として話を進めなければおかしなことになってしまう。そうしなければ動物にもDSMが適用できることになってしまうからである。

人は脅威に直面した際に、それが現実的な脅威であるか、あるいは潜在的脅威であるかの判断をまず行う。潜在的脅威だと判断した場合には、それは回避可能かどうかの判断を行う。回避可能だと判断したら、脅威となる刺激が検知可能であればそのリスク評価を行う。そこで生じる行動や生理的変化が不安である。しかしこの不安状態が長く続くようになると、そこから全般的不安障害が生じてくることになる。図では不安に至る道筋だけが太文字で示してあるが、そこからもわかるように、図で示されている彼らのいう不安とは、全般的不安障害としてあらわれてくるような不安であって、DSM－Ⅲ－Rでいうような不安障害すべてを包含した概念ではないのである。それは不安の発生についての彼ら独自の進化的観点からの概念であると、限定的にとらえなければならないだろう。

コンフリクトによって不安は生じる

日常生活のなかでは、不安は複雑に発生し成長していく。それがグレイやマクノートンのいう、コ

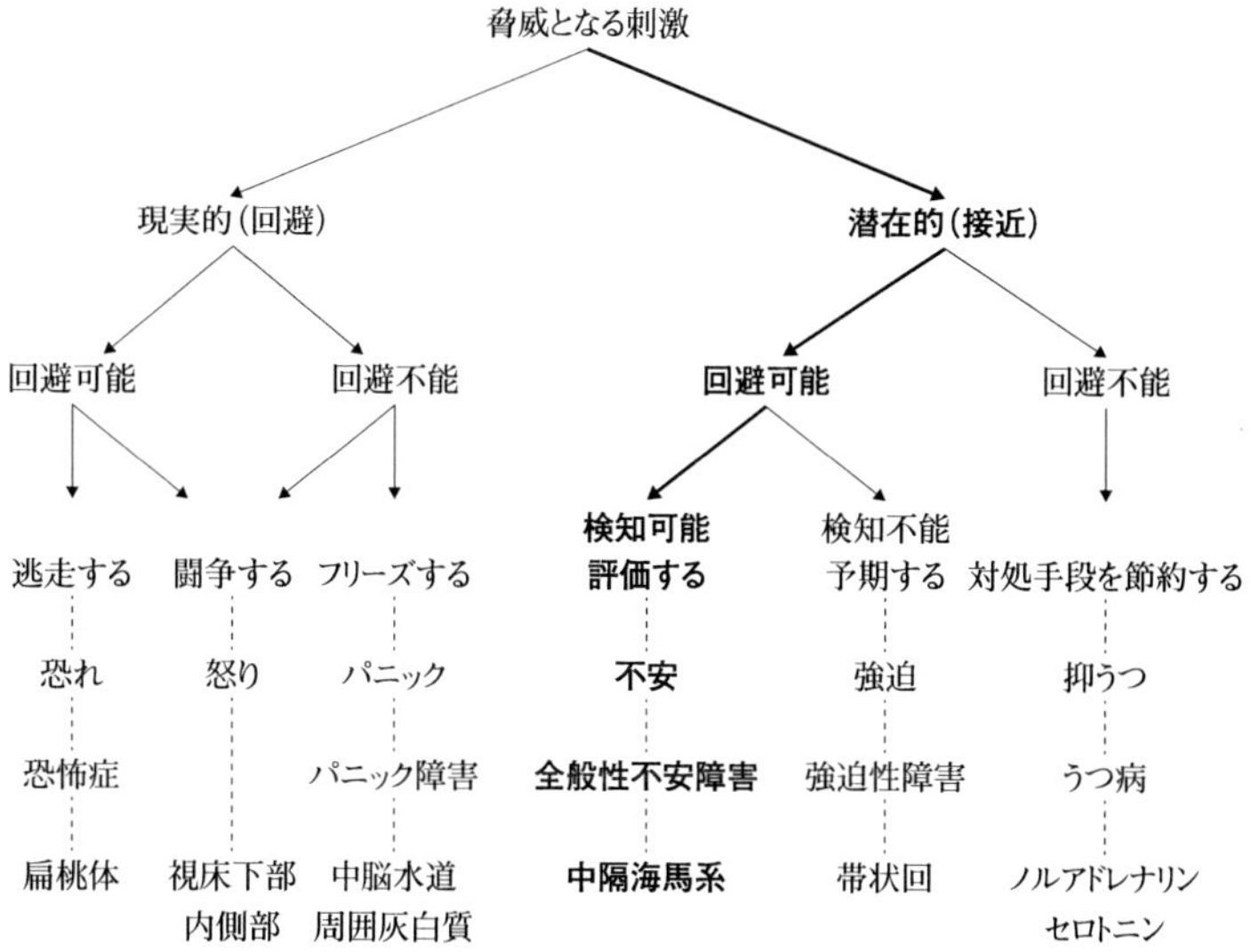

図4　危険に対処する際の二つの異なった防衛反応についてのグレイとマクノートンの図。本文の記述をもとに一部改変してある

ンフリクトから不安は生じてくるという考えである。表1に示されているように、闘争・逃走・フリーズシステムと行動接近システム、二つの行動接近システム、そして二つの闘争・逃走・フリーズシステムそれぞれの目標追求的行動の間に生じたコンフリクトによって不安は発生するというように、グレイの考えはまとめられている。つまり不安とは幅広い概念であって、欲求行動のシステムである行動接近システム間でも生じるわけである。おいしそうな料理のメニューのなかからどれを選ぶか、そのような楽しい事態でも生じることになる。表にしたがって説明すると、そこで勢力の強い優勢な対立する反応がまず抑制される。待てよというわけである。

最終的に二種類の料理からどれを選ぶかという場合を想定してみると、はじめに選ぼうと思った料理を選ぶという行為が、勢力の強い対立する反応であって、待てよと考えるのがその反応の抑制である。その後ブランチャードとブランチャードのネズミが示したように、潜在的脅威（リスク）に対するためらいがちな走査が開始されることになるだろうが、この例の場合の潜在的脅威とは、間違った選択をしてしまったらおいしい料理を食べ損なってしまうという脅威のことである。表1に示されているようにそこでの走査とは、過去の経験や周りの状況を考慮した、コンフリクトの解決に役立つような方略に基づくものである。料理を選ぶという行為についてこれ以上の説明は不要であろう。このような点からすると、不安はネガティブな感情であるだけでなく、ポジティブな内容を含んだ感情でもあることになる。しかし後の第六章で紹介するグレイの考えに基づく質問紙では、行動抑制システムがはたらくことによって生じる不安はすべてネガティブな感情に限られてしまっているのは非常に残念なことである。

不安とはもともと、気がかりで落ち着かないことを意味することばであった。それがネガティブな意味合いに受け取られることが多いのは、気がかりで落ち着かない状態が長引いて停滞してしまうと、不安障害としてあらわれてくることが多いからであった。不安がポジティブな意味合いをもつ場面とは、行動接近システム間のコンフリクトだけではない。図5に示されているように、闘争・逃走・フリーズシステムと行動接近システムの間のコンフリクトを解決するために行動抑制システムが乗り出す場合である。それはたとえば獲物を得るために危険を冒して接近するか、それとも危険を回避して狩りをあきらめるかといった、矛盾対立をどう解決するかという課題である。闘争は身を守るためだけにあるのではない。食の欲求を満たすという行動接近システムのはたらきがなかったならば、食べ

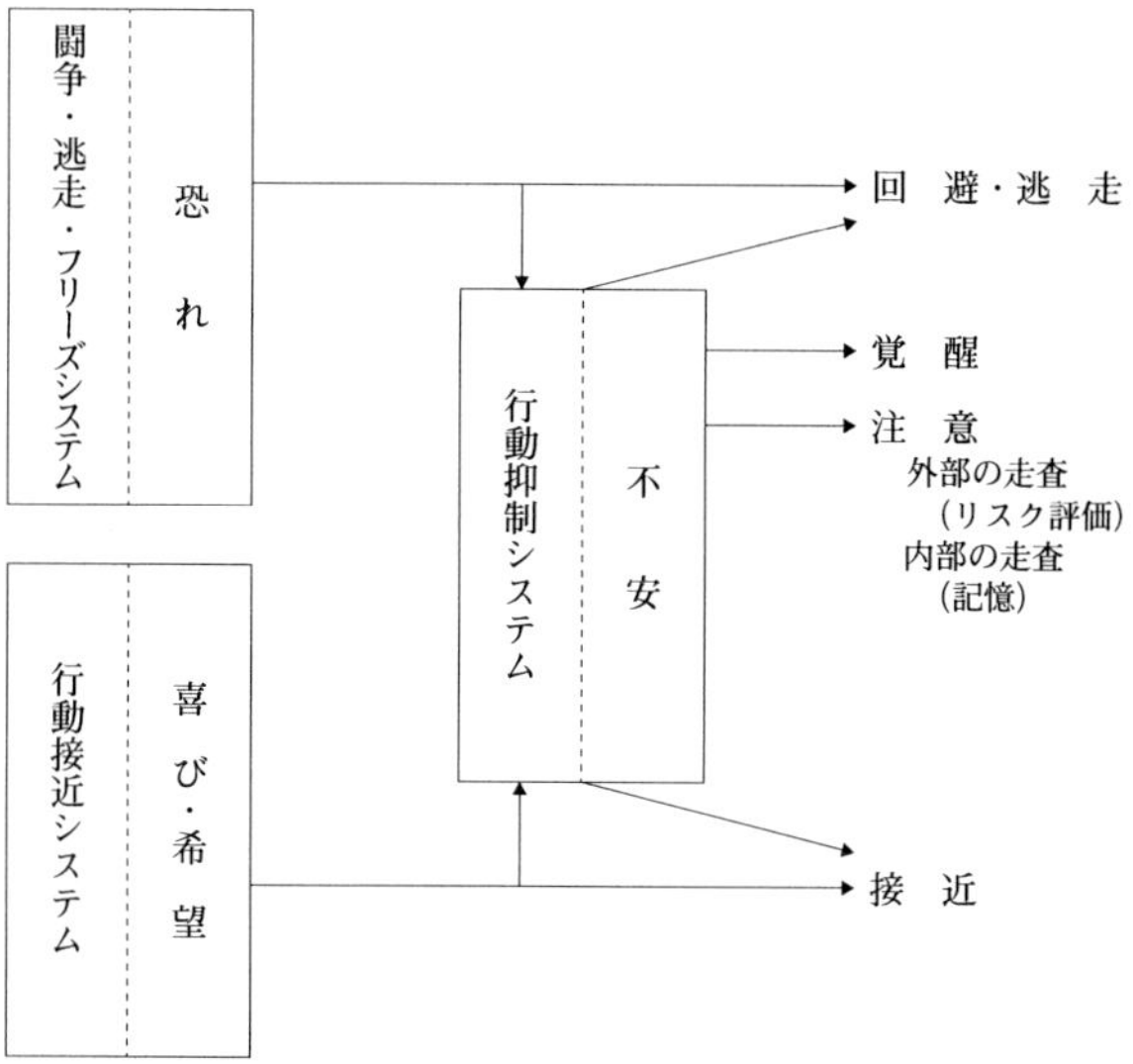

図５　表１の闘争・逃走・フリーズシステムと行動接近システムの間のコンフリクトが行動抑制システムで処理される様子をグレイとマクノートンの図を参照して示した図

るために闘うという行動は起きなかったろう。空腹の度合い、あるいは危険の度合いによって、解決の仕方は変わってくるものと考えられる。

この際に生じてくる不安の感情は、ネガティブな部分とポジティブな部分とが入り交じったものであったろう。人の創造力はこのような、食を得るための闘争的行動と接近的行動の間のコンフリクトから生まれてきた。道具を製作しそれを使用することによって、このコンフリクトを解決しようとしたわけである。獲物を捕るための道具が製作されるようになると、脅威として存在していた獲物の危険性は減少し、人の優位性は増大してきた。不安の感情のなかのネガティブな部分は少なくなり、ポジティブな部分が大きくなっていった。このことによって、新しいものを生み出そうという創造力はますます高まっていった。不安は問題解決のための緊張を高め、また不安に伴いあれこれと考えることによって、問題解決のたすけとなる手がかりを得ることができた。ただこの場合、ネガティブな不安が強すぎると思考は堂々巡りをしてしまい、問題解決の邪魔になってしまっただろう。これらは私の想像力の産物であるが、後ほど第八章で展開される私の不安のモデル図を参考にしながら評価していただきたい。

表1にあるように、不安傾向と関係の深いパーソナリティの特徴として、内向性を挙げることができる。アイゼンクは内向性の特徴として過敏性や内気を挙げていたが、グレイはアイゼンクのパーソナリティ理論の神経症的傾向の軸に不安傾向を、外向性傾向の軸に衝動性傾向を入れ換えて、パーソナリティ論を展開している（第八章図9）。つまりグレイは行動接近システムと行動抑制システムでもって、人のパーソナリティを説明しようとしたということになる。これらの問題については後でくわしく検討することにしよう。

3　コンフリクトを検知し、解決を図る脳の仕組み

グレイの不安論はもともと、危険に遭遇した場合の動物の行動からでてきたものである。そしてそこで、恐れと不安の感情のあらわれの違いが典型的にみられることを明らかにしたのであった。図4の一番左側の流れ図が、恐れと関係した事態の成り行きを示したものである。脅威の対象が現実的に目の前にある場合、脅威が回避可能であれば、対象から遠ざかり逃走するか、あるいは向かい合って

闘争するかのどちらかの方法が選ばれる。相手が自分より強ければ逃走するだろうし、また弱ければ立ち向かい闘争するだろう。逃走した場合に生じる感情が恐れであり、それが長引くと恐怖症という病理的状態になる。

闘争は回避可能な事態だけでなく、回避不能な状況でも起きてくる。それは怒りという感情のもとで行われるわけだが、威嚇として怒るか（怒りによって脅威が回避できる事態）あるいはなすすべもなく怒るか（回避不能な事態）という違いがある。回避不能な場合には闘争するのをやめてフリーズしてしまうこともある。パニックあるいはパニック障害はこのようにして生じてくるとグレイとマクノートンは考えていた。

他方、脅威となる刺激が潜在的であり回避可能である場合、回避可能性が検知できるかどうかで道が二つに分かれてくる。検知可能な場合については、不安という感情と結びついて、事態の評価が行われることはすでに述べたが、回避が可能であるにもかかわらずそれが検知できない場合、悪いことを予期して抑えようとしても、抑えることができないという強迫的事態が生じてくる。他方潜在的脅威が回避不能である場合にはお手上げで、何もせずに活動水準を下げ抑うつ状態に陥ってしまうのである。これまでがグレイとマクノートンによる、不安と直接的あるいは間接的に関係した行動とその病理的なあらわれについての説明の概要と、私のコメントである。

不安と関わる脳の様々な部位のはたらき

実はこれまでは、不安がどのような脳のはたらきと関わっているとグレイとマクノートンがみなしていたのか、そのことについては述べてこなかった。これまで紹介してきた二人の共著の『不安の神経心理学』のサブタイトルが「中隔海馬系のはたらきの探求」となっていることを、わざと触れてこなかったのはそのためからである。この章の最初からそのことに触れるよりも、必要が出てきた際に触れた方がわかりやすくなると考えたので、これまで延ばしてきたというわけであった。図4の一番下に書かれているのが、不安と関係したそれぞれの感情およびその障害に対応するとグレイとマクノートンが考えた、大脳辺縁系に属する脳の各部位の名前である。うつ病だけが、脳の部位ではなくて、二種類の神経伝達物質名となっている。それぞれの脳の部位を私が独自に図示したのが図6で、その後にこれらの部位や化学物質についての簡単な説明がしてある。しかし図4の彼らのまとめは、彼らの独自の考えに基づいたものなので、以下の説明と一致しないことがでてくることに注意していただきたい。

・扁桃体：感情と関わり合いのある出来事、特にネガティブな感情と関連した、記憶の形成と貯蔵で主要な役割を担うことがわかっている。また扁桃体の損傷で、恐れを感じなくなるという臨床例の報告もある。

・視床下部内側部：捕食者に対する生得的な防衛反応の表出と関係しているとか、あるいは扁桃体や中脳水道周囲灰白質との結合を通して、攻撃性の感情と関係するという研究がある。

・中脳水道周囲灰白質（中心灰白質）：図には示されていないが、刺激の部位によってはフリーズして動かなくなったり、リラックスした姿勢で、動かなくなったりするといった対照的な行動が起きる

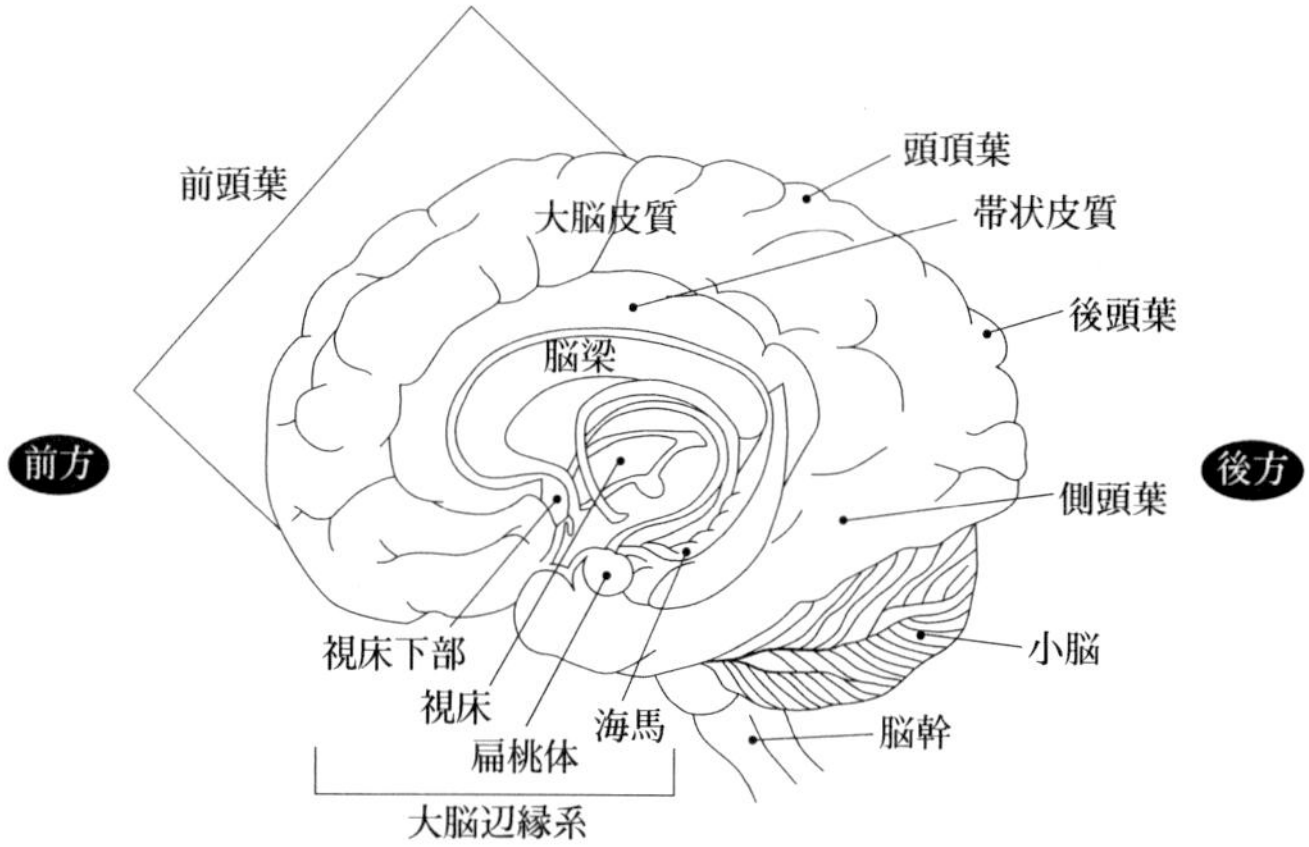

図６　脳の断面図で，大脳皮質の右内側部分と皮質下部分が示されている

ことが、ネズミの実験で確かめられている。また、fＭＲＩ（機能的磁気共鳴画像法）という脳イメージ法を使って、中心灰白質のはたらきを人でみた最近の研究によると、ネガティブな感情とこの部位が関係していることが明らかにされている。

・中隔海馬系：中隔野（図にはでていないが、図に示された帯状皮質の左端近傍にある大脳基底核の一つ）と海馬を一つのシステムとみなしたものである。海馬は扁桃体と並んで、大脳辺縁系のなかで最もよく研究されている領域である。ここが損傷を受けると、行動が抑制できなかったり、短期記憶や作業記憶の障害がみられたり、空間認知地図の障害がみられたりすることが、特に動物実験で確かめられている。中隔野は随意運動、感情、注意、そして記憶の形成と想起といった、広い範囲の神経行動的過程を調整している。中隔野のこのはたらきは、海馬との間の連絡路を通して、一つのシステムとしてはたらいている結果であると考えることができる。したがって中隔野、あるいは中隔海馬結合が損傷されると、学習が著しく傷害されることになる。中隔野の機能不全が、アルツハイマー病と結びつけて議論されるのはこのような理由からきている。このようにして、中隔野と海馬の間の交互作用が、情報処理において重要な役割を果たしていることは明らかだが、学習に対してどのような影響を与えているかについてはまた不明な部分が多い。そこで中隔海馬系のはたらきについて、さまざまなモデルが提出されているのだが、グレイとマクノートンのモデルもその一つと考えてよいだろう。

・帯状回（帯状皮質）：大脳皮質に接した大脳辺縁系の部位で、脳梁を取り囲んだ位置にあり、大脳辺縁系の各部位を連絡する役割をもっている。そのはたらきは部位によって、感情領域、認知領域、記憶領域に分かれている。このなかでも前帯状皮質は、感情の大脳辺縁系と認知の前頭葉前野の双方との連絡路をもっていることから、感情の統制を行う神経経路を統合する上で大きな役割を演じている。多くの研究者はこの領域がコンフリクトをモニターする役割を果たしていると考えている。

・ノルアドレナリン、セロトニン：ともに神経伝達物質であって、これらの物質の量の変化が抑うつ症状と関係している。

中隔海馬系はコンフリクトを検知して解決を図る

以上、問題となっている部位や化学物質のはたらきについて、関連する文献を参考にして簡単にまとめておいた。これからグレイとマクノートンが重要視した、中隔海馬系と不安との関わりについてくわしく述べていくことにしよう。彼らは、中隔海馬系のはたらきは次のようにして不安と関係しているという。抗不安薬は一つのまとまりとして、中隔海馬系のはたらきに影響を与えている。扁桃体もまた、抗不安薬の影響を直接受けるが、中隔海馬系とは影響の受け方が全く違っているという。潜在的な脅威が存在している場合の反応は、中隔海馬系は受動的防衛として、扁桃体は能動的防衛として応答するのである。扁桃体の能動的防衛の結果が図4にあるように、恐怖症となってあらわれることになる。

中隔海馬系の受動的防衛とは次のようにしてあらわれる。中隔海馬系は、情緒的にネガティブな刺激の誘発性を増大させるようなはたらきをもっている。したがって中隔海馬系が過度に活発になると、ネガティブな方向へのバイヤスが増大するといった認知不全を引き起こし、その結果として過度の不安が生じることになる。中隔海馬系の過剰な活性化が、全般性不安障害となってあらわれ、抗不安薬が臨床的に最も効果的な影響を示すのはこのときだという。

それでは、このような中隔海馬系のはたらきの背景には何があるのだろうか。海馬は、記憶や空間学習能力に関わる脳の部位ということでよく知られている。その内容については図6の説明の折に述べたが、すべての研究結果がそのような形で一致しているわけではない。たとえば空間記憶に関しては、それが空間能力といえるかどうかという疑問も提出されている。また不安との関連をどのように考えてよいのか、中隔海馬系の損傷と結びついた、機能の障害に共通したものは何かを探って行く必要が出てきたわけである。

グレイとマクノートンは、つぎのような考えを展開している。海馬のこれらのはたらきを結びつける共通項は、コンフリクトつまり矛盾、対立の存在である。相互に相容れない目標追求的な機構が同時に活性化していると、コンフリクトはその間に生じることになる。そこでこのコンフリクトを検知するディテクター（検知器）が、中隔海馬系に存在しているとの想定のもとで彼らは話を進めていく。中隔海馬系を、側頭葉での記憶貯蔵と結びつける再帰的なネットワーク、大脳基底核や前頭皮質における複雑な運動プログラムの回路、扁桃体や視床下部における固定された活動のパタン回路、そして視床皮質系の知覚システムでこのコンフリクトは生じるが、中隔海馬系はこれらの場所と相互作用の関係にあり、潜在的に対立的な意味合いの大きな項目の重みを増大させるようにはたらくのだと彼らは考えている。つまり中隔海馬系の仲裁的な役割は、お互いに対立するコンフリクトの大きいものを優先的に採用して、コンフリクトの解決をはかるところにあるというわけである。

前頭葉と中隔海馬系とでは取り扱うコンフリクトが違っている

それでは彼らは不安と前頭葉のはたらきとの関係についてどのように考えていたのだろうか。常識的に考えても、前頭葉のはたらきは、不安と密接な関係があるはずである。あれこれと思い煩うのは、前頭葉による過度のコントロールによる可能性が高い。また、他の方法では治療できない過度の不安を取り除くために、前頭葉にメスを入れるという前頭葉手術が過去において、世界各国で数多く行われていた。しかしそこまで極端ではなくても、内向性に特徴的な不安の高さを、前頭葉による行動の過度の抑制の結果であるとする考えは、常識的にもよく理解できることである。

しかし、グレイとマクノートンの発想は違っていた。中隔海馬系と不安との結びつきが、前頭葉と不安との結びつきと違うのは、前頭葉が抗不安薬の影響を受けない点にあるが、この理由を次のように説明している。確かに前頭葉でも、コンフリクトの処理がその重要な役割である。問題なのは前頭葉で取り扱われるコンフリクトとは、目標とその下位目標の間のコンフリクトであって、中隔海馬系で問題となり、コンパレーターによって処理される、異なった目標へ向かった行動間に生じるコンフリクトとは異なっているというのである。

しかし抗不安薬が前頭葉と関係しないと、グレイとマクノートンがいうその意味は、抗不安薬が前頭葉のある特定部位と関係があるかどうかということであって、全体としてのはたらきを指しているものではない。第七章で明らかにされるように、不安は前頭葉の活性化の左右のバランスと関係している。そして抗不安薬によってこの左右のバランスが、不安をもたない人たちのバランスの方向へと変化するという証拠もある。グレイとマクノートンは脳を一種のシステムと考えていたが、左右の半球それぞれを一つのシステムとして考えようという発想はなかったようである。彼らは中隔海馬系と前頭葉で処理されるコンフリクトの違いの意味をそれ以上あまり追究しようとはしていない。しかし彼らの指摘している中隔海馬系でのコンフリクトの違いは、本書の展開にとって非常に重要である。前頭葉が関与する目標と下位目標間のコンフリクトとは次のようなものである。ある課題を解決するという目標を達成するためには、中間でいくつかの下位目標を設定しなければならない。しかし目標と下位目標の間には、矛盾や対立のあることが多い。そこでこのような方法でよいのだろうか、何か間違った方向に進んでいるのではないだろうか、といったような疑念が生じてくる。本書の序章で紹介した、海外旅行で道に迷いそうになる不安とは、このようなものとして解釈が可能である。帰る途中で風景を見回し、これは往きにみた建物だったかしらと下位目標を確かめるのである。もしその下位目標が不確かな場合は、もう一度考え直さなければならないことになる。

前頭葉にある行為の受容器がコンフリクトを解決する

ある行動の計画を立ててそれを実行してみて、うまくいったかどうかを確認する前頭葉のはたらきを、ロシアの生理学者のアノーヒンは「行為の受容器」と名づけたが、ルリアはアノーヒンのこのアイディアを高く評価していた。ルリアはその著書『はたらく脳』(3)のなかで、「行為の受容器の最も複雑な形は前頭葉と関連していて、前頭葉は外界の刺激の統合、行為の準備そしてプログラムの形成といったはたらきを行うだけでなく、遂行された行為の効果を認容し、それが正しい方向をとっていることを確認するというはたらきをもっている」と述べている。行為が正しい方向をとっていないかも知れないという認識から、前頭葉と結びついた不安が生じることになる。この行為の受容器こそが、前頭葉におけるコンパレーターだということになるのではないだろうか。また、この行為の受容器の具体的な内容を明らかにすることが、「不安に立ち向かう」その方法を探るという、本書の目的にかなった方法であることが、おぼろげながら示唆されてきたように思える。

第四章　フロイトとグレイの不安論の特徴

前の二つの章ではフロイトとグレイの不安論について別々に、なるべく文献に忠実に述べてきたが、やはりどこが違うのかということをもっとはっきりさせるために、それぞれをまとめた方がよいように思える。そのようなわけで、この章ではフロイトとグレイの不安論を比較検討することにした。

1　フロイト――自我は不安の本来の場所である

フロイトの新生児不安論と子宮内願望説の否定

不安についてのフロイトの考えは、彼の生き様そのもののあらわれである。第一に両親との関係のなかから生じた不安感情、第一次大戦と第二次大戦さなかの、ウイーンでの厳しい体験からもたらされた将来への不安、あるいは度重なる病から来る死の不安、これらについては多く語られている。ここでは、これらの問題について繰り返し述べることはしない。ここで問題にしたいのは、第二章で述べたフロイトの不安論からうかがうことのできる、こころのとらえ方についてである。

まず取り上げたいのは、新生児にみられる不安についてである。すでに述べたように、彼の愛弟子であったオットー・ランクは出産心的外傷説（子宮内願望説あるいは新生児トラウマ説とも呼ばれている）を唱え、新生児がかつて子宮内の暗闇のなかで過ごしてきた幸福な日々から明るい世界へと、無理矢理に押し出されたことからくる心的外傷（トラウマ）が、人にみられる最初の不安なのだと主張した。フロイトは最初この考えを受け入れたらしいが、後にランクの説に対して反対を表明した。これらが原因となって、ランクはフロイトから離れていくことになるのだが、なぜフロイトは反対したのだろうか。新生児の不安についてはじめて言及したのは、フロイトだったにもかかわらず、反対だったのである。子宮内願望説はフロイトのいう、人は生まれながらにして神経症を患っているという説からすれば、一見矛盾しないように思える。

オットー・ランクの出産心的外傷説は、フロイトのエディプスコンプレックス説を補完するものとして議論され大きな反響を呼んだ。しかしそれは、エディプスコンプレックス説を脅かしかねないものだった。またランクと、これもフロイトの愛弟子のシャーンドル・フェレンツィの唱える能動的精神分析は、患者を受動的な状態において治療を行う、これまでの精神分析の方向とは異なったものだった。フロイトは何らかの決断をしなければならなかった。フロイトはランクの出産心的外傷説をとらえて反論するという方向をとった。私はフロイトの反論は、その内容から判断すると正しいものだったと考えている。出生に際する新生児の経験には、ランクのいうような心的要素は少しも含まれていないし、またランクの説は新生児の体験を個体発生的なものとしてとらえているところにあるとしてフロイトは反対したのだった。つまり自分の説は、系統発生的な観点からのものだというわけである。

出生に際して新生児は、一時的に酸欠の状態に陥る。これによって、不快な性質を生み出す興奮が増大し、呼吸器官に神経興奮が伝播、備給され、肺の活動によって生きる証である産声が生じる。激しい産声とともに吸入される多量の空気は、汚れかけていた血液を新鮮にする。不快な性質を生み出した興奮は、このような放出のチャンネルを通して軽減されるのである。これが不安の原型であって、危険を予知すると呼吸が速くなり、心拍数が増大するのは、新生児のこのような体験をもとにしているのだという。

不安はこのようにして、不快の性質を生み出す興奮の増大と、放出のチャンネルを通しての軽減という二つの側面をもっていて、それらは古い、非常に重要な、多分に前個人的な経験の再生産であるとフロイトは考えていた。彼のいう前個人的な経験とは、エディプスコンプレックスを念頭に置いて語られたものと思われるが、その具体的な姿について語られることはなかった。しかしフロイトがエディプスコンプレックスの出現の源をダーウィンの説に頼っているとするならば、それはせいぜい高等猿類にまで遡ってのことであろう。他方グレイは、脊椎動物に共通した経験としての不安を考えている点、また出生時の不安というものを全然考慮していない点がフロイトと大きく異なっている。グレイの理論からは、出生時の不安などというものは考えられるはずがなかったのである。

出生の際に新生児が経験する内的外的な環境の急激な変化は、将来の身体的精神的発達に大きな影べき一つの課題である。

響を与えているに違いない。すべての新生児が共通に経験する出生という出来事と、出産時の状況の違いあるいは性別の違いによる影響とをどのように関係づけて理解していくかが、今後問われていくべき一つの課題である。

フロイトの不安論と現代心理学

ここでもう一つ、フロイトの不安についての考えの、先駆的でユニークな部分についてもう一度述べておきたい。それは不安には、①独特の不快の性質、②放出の行為、③これらの行為の知覚が存在していて、②と③の特徴が、痛みや悲嘆と不安とを、区別するものとなっていると考えていた点である。第一章では、ラザルスによる認知的評価理論で、不安と悲しみがどのような評価で区別されるかについて紹介した。彼は、二つの感情で共通しているのは害を及ぼすような状況だが、不安は事態に対処していける可能性が低く、また不確かな場合に生じ、一方悲しみはどちらにしてもよくならないだろうという期待の低さから生じるという点で、二つの感情は区別されると説明していた。

フロイトのいう③の行為の知覚が、ラザルスのいう認知的評価での違いに対応するのだろう。しかしラザルスの理論からは、不安と悲しみとでなぜ認知的評価の違いが出てきたのか、その説明が十分ではないように思える。ここでフロイトのいう、②の放出の行為の違いを考える必要がでてくるように思われる。放出とは、ある感情を発生させる折に、神経興奮の運動発射が同時に伝播するさまをあらわしている。フロイトによれば、痛みや悲嘆という感情には運動的な表出はないが、あるとしてもそれは、感情全体の部分としての運動のあらわれではなく、感情の結果、あるいは感情に対する反応としての運動のあらわれであるという。これに対して不安はすでに述べたように、特別なチャンネルを通しての、放出を伴った特異的な不快の状態であって、運動発射（放出）は、不快な性質を生み出した興奮を軽減する役割を担っているのである。このようにしてフロイトは、ラザルスが示したように、心理学的に整理され洗練されたものではないとしても、認知と感情の関係について先駆的で意味深い考えを提出していたわけであった。

フロイトの一九二三年の自我不安論

これまで述べてきたような、新生児にみられる不安は、成長につれその姿を変えていく。子どもは成長するにつれ、その欲求は飛躍的に増大するが、周りの環境はすぐさまそれに応えてくれるものではなく、子どもはあまりに無力である。それだからこそ、愛する母親から保護されたいと願う気持ちはそれだけ強くなってくるのである。しかし母親が不在か、自分にかまってくれないとき、周囲の環境は自分にとって脅威に満ちた存在として知覚されることになる。フロイトは母子分離が、小さな子どもたちの不安の原因であると考えた。彼はここで自我ということばは使っていないが、自我に対する潜在的脅威の存在に対する、感情的な反応がまさに不安であるといえるのではないだろうか。

ここでもう一度、自我と不安との関係についての、フロイトの考えの変遷を振り返ることが重要である。一九二三年の『自我とエス』では、不安とは危険からの退却の表現であって、さし迫った危険が知覚され、またエスでも同様な評価が行われると、自我はこれらからリビドーが自分自身に備給されるのを引っ込めさせて、不安として支払われるという。つまり不安とはエネルギーの移動という、経済の論理で動く過程を通して、自動的に発生するものととらえられていたわけである。この仕組みのなかに、抑圧という概念を持ち込んでくるならば、自我によって抑圧された衝動の代表物はゆがめられ、置き換えられたりするわけだが、衝動興奮であるリビドーが不安に姿を変えるのだ、抑圧された興奮の備給エネルギーが、自動的に不安に姿を変えるのだということになる。

フロイトの一九二六年の自我不安論

このように、『自我とエス』で述べられている、「自我は不安の本来の場所である」ということの意味は、自我による抑圧が不安を生み出すという意味であった。しかし『制止、症状、不安』で意味する不安とはそうではなく、抑圧を生み出すのが不安なのだという改められた意味合いからであった。フロイトは述べている。「しかし今や不安は、快―不快の審判に影響を与えるという目的のために自我が意図した信号であって、経済的要因を考慮する必要性は無用なものとして捨て去られたのである」。超自我が何らかの不安のあらわれであるとしても、そこに役割を割り当てるような対象ではない。エスは自我とは違って不安をもつことはできない。なぜならばエスは組織体ではなく、危険の状況についての判断を下すことができないからである。

フロイトはこのようにして、エス、自我、超自我という心的装置のなかでの自我の優位性をはっきりと宣言したことになる。快楽原理に立つエスに対して空しく闘う、現実原理を振りかざす自我といった、これまで多く語られていた自我のイメージから、自立した自我のイメージへと、私たちのこれまで抱いていた、精神分析に対するイメージ像を転換させるような変化のようにみられるものであった。

フロイトにおける身体的自我と自我

フロイトが独自の考えにもとづいて不安論を展開していくなかで、最終的にはかれのいう自我、つまり「私」という主体が、前面に押し出た体系となったのである。自我はもとをたどれば、エスが知覚—意識体系の媒介のもとで、外界の直接的な影響を通して変容したものであった。自我は外部の刺激を選択的に受容するという知覚—意識体系からの影響と、エスという内部からの快不快の感覚を供給する無意識体系からの影響のもと、それらの間の矛盾つまりコンフリクトを解決するという目的を持った心的組織体であった。いうなら、グレイのいう海馬にあるコンパレーターの役割をするのが自我であった。しかし自我はやがては、エスから分離されたものとしてとらえられるようになる。そうなる過程については、知覚体系の影響のほかに、自分の身体、とりわけその表面の知覚があるとフロイトは考えた。

「自我は何よりもまず身体的自我であり、それは表面的な存在であるばかりでなく、ある表面的なものの投射でさえある。同じものを解剖学的に類推してみると、手っ取り早くいえば解剖学者のいう『脳のなかのこびと』と同一視することができる。それは大脳皮質で上下逆になり、かかとを上に伸ばし、背中の方を見て、よく知られているように言語野を左にもっている」とフロイトは考えた。この身体的自我の上に形成されると考えられる自我は、図3に示されているように、「大脳解剖学の示すところによれば自我は、『聴覚帽』を片側に斜めにかぶっている」ということになる。

身体的自我と自我とを区別するという、フロイトの考えはよく理解できるところである。しかし、こころの仕組みをフロイトのいう「脳の解剖学」に還元することをさんざん嫌っていた本人が、なぜここで脳の解剖学を持ち出してきたのか、しかも図として残したのか。その意図はあれこれ推測はできるが真意は不明である。ここで、身体的自我と自我が関係する脳の部位として、ホムンクルスとも呼ばれる脳のなかのこびとについて、フロイトの記述を参考にしてどこに位置づけてよいのか、想像をめぐらせてみたい。

ホムンクルスとして有名なのは、ペンフィールドによる脳人間図だが、身体的自我が関係するのは当然体性感覚についてのホムンクルスだろう。フロイトの記述も、ペンフィールドの描いた体性感覚野のホムンクルスにほぼ対応している。自我あるいは自己の発達過程で身体的自我（自己）が最初にあらわれる。何かにぶつかったら痛いと感じるのは自分の身体であり、また母親から触れられ心地よいと感じるのも自分の身体である。身体感覚が一つのまとまりをもってはたらき合って、身体的自我が形成される。それは内部感覚であるが故に、快不快の感情と直接的に結びついている。

脳のなかのこびととしての身体的自我と自我

身体的自我にとって重要な役割を果たすのは、自分の身体の特徴をこころのなかで描く像としてのボディイメージである。アメリカの神経学者のアントニオ・ダマシオは、『生存する脳』[1]のなかで、病気を認識することができない、病態失認（病態不覚症）という病はまず、右半球の体性感覚野の損傷で起きるとし、次のように述べている。「病態不覚症患者が損傷を受けている右半球領域の内部で相互に情報をやりとりしている脳の諸部位が、その協力的な相互作用をとおして、現在の身体状況のもっとも包括的、統合的な地図をつくりだしているのではないかというのが私の長い間の作業仮説である。……これによって、内臓状態の表象と、四肢、胴、筋骨格器官の主要な要素の状態の表象が合体し、調整されたダイナミックな地図をつくる」。つまりフロイトが仮定していた身体的自我の脳部位は間違いなく、体性感覚野に対応するものであって、しかもそれは右半球に存在するということである。

しかし、これらの体性感覚から形成された身体的自我が永続性をもつためには、母親の姿を見たり自分を呼んだりする母親の声を聞いたり、あるいは母親の匂いをかいだりするといった外部感覚と一体となって、一つの統一体を形成する必要がある。自己の永続性にとっては、自分に名前が付けられ、名前で呼ばれることが重要である。目が覚めて新しい自分になっても、服が替わっても、自分は自分なのだということがわかるためには、変化する世界のなかで変化しない自分の名前という、聴覚的情報が重要である。ここでフロイトのいう、聴覚帽が登場することになるのではないだろうか。図3をもう一度みてほしい。これは擬人化された、あるいは擬脳化された自我とエスの図である。聴覚帽は左斜めにかぶっているはずだから、自我に前後があるとすれば、自我の後ろ姿をみていることになる。聴覚帽に対応する部位として、ウェルニッケの感覚性言語野を想定する論文などもあるが、フロイトは多分そのように考えたのだろう。しかし私は聴くというだけでなく、自分の名前を自分で呼んでみるという、ブローカの運動性言語野のはたらきも重要ではないかと考えている。いわば自分で自分を確かめるわけである。

こうなるとフロイトが提起した自我と関係するホムンクルスは、左半球にある二つの言語野ということになるが、それはどのような意味をもつのだろうか。私は自我が身体的自我から真の自我へと成長していく過程を、右半球における定位的自我から、左半球における収斂的自我への過程として、眺めることができるのではないかと想像している。いずれにせよ、フロイトが格別の深い意味づけをせずに述べた、脳のこびととしてのホムンクルスの意味を現代風に解釈すると、このような重要な意味を含んだ事柄であったということになるのである。

フロイトの一九三〇年の苦しむ自我不安論

しかし一九三〇年の『文化への不満』では、すでに述べたように、超自我に支配され苦しむ自我の姿が浮き彫りにされている。自我は超自我が行う審級にさらされ両者の間に緊張関係が生じる。超自我は自我に対してサディスティックになり、その結果としてマゾヒスティックになった自我の欲動が不安としてあらわれてくる。つまり不安は、超自我によっていじめられた自我が、自分をいじめることによって活路を見いだしたという、哀れな姿である。これは第二次世界大戦を予感したフロイトのこころの反映であるかも知れない。

フロイトの不安論は常に神経症という観点からの議論である。そのせいもあって、残念ながら不安は力であるという観点がみられない。自我は超自我によって監視された哀れな自我である。それではフロイトの不安論からの救いはないかといえばそうではない。そもそも自我ということばを使って議論しているが、それは通常私たちが使っている自我とは違った概念であった。ドイツ語の「イッヒ＝

私」に相当することばを英語でエゴと訳してしまったため、日本語でもイッヒのことを自我と訳してしまってその意味するところが狭くなり、混乱が起きてしまったということである。

心理学では通常、「行為者」としての自我と、「対象」としての自己を区別している。つまり本来的な意味での自我とは主体的能動的な存在であって、また超自我の多くを包含する概念である。このような観点から私はむしろ、広義の「自我」のはたらきを、前頭葉による行動のコントロール機能として、再解釈するという道があるのではないかと考えたのである。この考えは後に展開されることになる。

2　グレイ——不安の研究から意識の問題の解明へ

フロイトの不安論についての話はここまでとして、ここでもう一方のグレイの不安論を振り返って見たい。グレイはかつて、自分の考えはパブロフとアイゼンクの折衷だと述べたことがあった。しかし彼の不安論には、両者と相容れない部分が多くみられる。アイゼンクは、人についての実験や調査をもとにして、心理学の広い領域にわたる独自の体系を作っていった。他方グレイは、動物、特にネズミを使った学習理論的研究、あるいは抗不安薬を使った研究から、独自の不安に関する理論体系を作っていった。研究のもととなった被験体や研究領域、そして研究の進め方に大きな違いがある。パブロフは主としてイヌの条件反射実験から、彼のいう高次神経活動に関する体系を築いていったが、動物実験から得られた結果を人に適用して解釈する際には非常に慎重であった。

行動から脳の仕組みの解明へ

グレイの姿勢は二人とは大きく異なっていて、オペラント条件づけやプログラム学習でよく知られている、アメリカの心理学者スキナーにむしろ似ているように思える。スキナーは、ネズミがバーを押すとえさがでてくるという、スキナーボックスといわれている実験箱を作って、道具的条件づけの実験を行い、そこから動物だけでなく、人の学習行動の新しい型を見いだしていった。そしてその理論体系は、一般的な学習のプログラムだけでなく、行動療法の理論とプログラムへと応用されていった。

グレイは、見える隠れ場とアリーナ（舞台）から成る実験装置を使って、共同研究者が行った実験でのネズミの行動などをもとにして、独自の不安理論を構築していった。その装置とは天敵であるネコがアリーナに現れたときのネズミの動作、そしてネコが去ってからどのようにしてネズミが隠れ場から出てくるかを、ネズミに気づかれないように観察できる巧妙なものだった。スキナーとグレイの共通点は、このような実験装置をもとにして得られた動物実験によるデータを、ほとんど加工することなしに直接そのまま、人に適用したという点にある。ただグレイの場合には、彼の理論を押し進める際に、脳のはたらきにみられる共通点を明らかにして論を展開していたという点で、行動の水準での共通点を強調したスキナーとは大きく異なっている。

中隔海馬系の役割の重視

グレイが不安と最も関係が深いと考えたのは大脳辺縁系にある中隔海馬系の役割だったが、後にはその役割は意識の内容にまで拡大されている。中隔海馬系は、現在の知覚的状況と運動プログラムからの情報を使って、将来すぐ後で、何をすることが期待されているかという予測を行う場所である。予測に基づく行動が環境に適応的であれば、現在の運動プログラムはそのまま継続する。もし不一致があれば、運動プログラムは強制終了され、不一致の源への定位活動が生じる。ここでいう不一致が不安の源であるコンフリクトを生み出すのである。ここでグレイは、中隔海馬系に比較器（コンパレーター）があるとの想定のもとに、モデルを作ってこのような事態を説明しようとした。これが、中隔海馬系が不安の脳的な基礎であるとするグレイの仮説である。

つまり抗不安薬は、中隔海馬系に作用して不安を静めると考えられるのだが、それは海馬には情報が新奇であると活動が活発になるというはたらきがあるから、それを抑えるのが抗不安薬だということになる。感情と関係深い脳の部位は、中隔海馬系あるいは海馬ではなくて、扁桃体だとする多くの説と真っ向から対立する説であるが、グレイらは意に介さない。不安は確かに扁桃体や前頭葉とも関係し合っているのだが、その中心となるのは中隔海馬系であるという。なぜならば中隔海馬系は、新旧の情報を比較検討するというはたらきを通して、潜在的な脅威の存在の有無を検知するが、そのことによってはじめて不安の本質がわかるのだという、彼らの確信からきているように思える。不安は、単なる感情の一種に止まるのではなくて、より高次な認知的操作と関係しているというわけである。

これまで行われてきた電気生理学的な研究から、新奇性に対する反応として海馬の活性化がみられることが確認されている。しかし最近注目されるようになったのは、海馬によって処理されるのは外界における新奇性だけではなく、思考の潜在的な流れの間のコンフリクトを検知し、思考のある側面に注意を向けたり、または抑えたりするというはたらきである。グレイは海馬が情報を比較することによって、意識の内容、つまりウイリアム・ジェームズのいう思考の流れの進行を決定するのだという考えを提起している。

グレイの無意識・意識論の特徴

グレイは二〇〇四年に刊行された、『意識――難しい問題に忍び寄る』と題した本[2]のなかで、意識のハードプロブレム（難しい問題）とイージープロブレム（やさしい問題）といわれている議論に忍び寄ろうと試みている。意識のやさしい問題では、あるはたらき（機能）がどのように遂行されるかが問題となる。つまり脳とこころの関係でいうならば、あるこころのはたらきは脳のこのような部位のはたらきと関係しているというように、こころと脳の関係を表現するのである。しかし難しい問題では、その答えでは満足せず、ある機能を遂行させるものとは何かを問題とする。グレイは、脳がどのようにして、クオリア（感覚質）といわれているものを創り出すかを説明することによって、哲学上の問題としても提起された難しい問題に対して、科学的に忍び寄ることが可能になると考えた。クオリアとはあるものを見たり聞いたり触れたりしたときの、主観的な「あの感じ」を指すことばである。

たとえばテニスをするとき、ラケットを構えボールを目で追い、的確にミートさせるといった自発的運動を考えてみる。テニスでの素早い動作に比べると、クオリアはゆっくりとしか生起しない。これを無意識と意識の問題として考えると、意識的に何かを決定したという体験は、無意識的な行動に先んじることはない。意識的にすべてを決定し行動していたならば、あのような素早い行動はできないだろう。これを脳内の神経細胞の活動でいうならば、活動が始まってから数百ミリ秒後に、意識的決定の体験が起きるということになるからである。つまりクオリアに反映される意識とは、自分の現状をモニターするはたらきであり、意識はモニター監視した結果をフィードバックすることによって、その後の行動に反映するという形で間接的に行動を制御しているということになる。このような脳内で行われている無意識的活動と意識的活動の関係はよく知られているものだが、それはどのような神経の仕組みで可能かといえば、グレイはここにも海馬における比較器のはたらきをもってくるのであった。

意識の難しい問題の解明へ

脳のはたらきを、より直接的な方法で確認したいという願いの実現は、脳のはたらきを画像化して示すという脳イメージ法を使った実験で次第に可能となってきている。ことばを聞くと色が見えるという経験をもつ、共感覚に関するグレイら（二〇〇六）の研究[3]は、グレイの死後に刊行された、多分彼が関係した最後の論文だと思われるが、主観的な報告で確認されていた共感覚の現象に、脳イメージ法を導入して検討したものである。青色で描かれた「アカ」の文字を、「赤」と読ませるか「青」と色名をいわせるかで、読み上げまでの時間が異なるというストループ効果が、共感覚者と非共感覚者でどう違うかをこの研究では検討している。その結果、色名の命名と単語の読みの間の干渉が、共感覚者と非共感覚者で違うことが明らかになったが、それは、海馬での活性化の違いとして示すことのできるものだった。また、色の経験といった意識的なこころの状態は、こころの状態の質的性質、つまりクオリアによって識別されるものであるといった観点からみると、この研究はまたクオリアの脳的な仕組みを検討したものであると彼らは主張している。しかしまた同時に、コンフリクトといった観点からは、不安の研究の延長上にあるものと考えることができるものでもある。

このようにしてグレイは、不安に関する神経心理学的な研究に始まり、その研究の延長線そして最終的な到達点として、不安を意識と無意識の関係、あるいはこころをどのように理解するかといった、哲学的な問題として追及していったことになる。しかし彼のいう意識的活動とは、テニスやストループテストの例のような、無意識的活動について、後で意識化できるという意味での活動であって、行動をする前に意識的にあれこれ考えプラニングするといった、前頭葉に主導される行動というものは含まれていなかった。したがって彼のいう不安論には、前頭葉のはたらきに対する考察が、希薄となってしまう運命にあったといえよう。このような観点から、フロイトの自我に根ざす不安と対照させて考えることができるように思われる。

グレイの不安論の特徴と限界

グレイとマクノートンは、『不安の神経心理学』のなかでは、意識的処理ということばを、自動的処理と対比させる認知心理学からの引用として使っていた。無意識ということばはこの本のなかでは使われておらず、しいて探し求めるとすれば、それはこの自動的処理に対応することになる。二〇〇四年の、『意識――難しい問題に忍び寄る』で用いられている意識とは、クオリアによって行われる意識的体験のことであって、思考力や自己（自我）あるいは言語との関わりは考慮の外となる。

つまり意識的過程とは、自動的処理を後でチェックし、必要があれば修正するという役割をもたされていることになる。その脳的な基礎が海馬にあるというわけである。グレイのこのような観点のなかには、自我など含まれるはずがなかった。つまりグレイは、意識の意味を限定し研究を進めざるを得なかったわけである。

グレイとマクノートンは、不安というものが、人類と同様に他の動物でも存在しているという証拠として、抗不安薬の効果が人でも他の動物でも同じだという彼らが得た結果を挙げている。彼らのこの推定を拡張していくならば、不安の原因となるコンフリクトを処理する海馬の役割が人と他の動物で同じなので、この海馬が関わる意識的処理というものは他の動物にも存在することになる。意識と関わりを持つクオリアが、動物にも存在するかどうかについては、さまざまな立場からの議論が行われているが、グレイはその立場を明示していないとはいえ、結局は動物にもクオリアが存在する、という立場に立っていることになる。つまり不安を感じるという点では、人も他の動物も同じだということになるのである。

ここで心理学では一般的に、この問題をどうとらえているのかを振り返ってみよう。本書の第一章で、不安をコミュニケーションの手段としてとらえたオートレイとジョンソン=レアードと、不安を状況に対する評価としてとらえたラザルスの考えを紹介したが、グレイとマクノートンの説を振り返って見ると、同じ心理学者でも不安のとらえ方にこれほどの違いにあるのかと改めて驚かされる。

オートレイとジョンソン=レアードは、不安な気持ちというものは、命題として表現できない特徴を持っているものとしてとらえていた。「私は自分の将来が不安だ」という気持ちはわかるとはしても、その表現される内容に至っては、受け取る人によってさまざまである。つまり感情という非言語的なあらわれが、ことばによってラベルをつけられ、表現されることになるのだが、その表現が命題的であるかどうかが問題となる。ことばによるラベル抜きには、感情は考えられないことになる。グレイが考える不安というものが、人にも人以外の動物にも存在するとすれば、それは、オートレイとジョンソン＝レアードの考える不安とは異なったものでなければならない。

もう一人のラザルスの立場はどうかというと、彼は感情の主体的な側面に注目した。つまり状況についての評価を下すのは、不安を感じているその人それ自体であるということになる。そこではどのような不確かな、存在に関わる脅し（脅威）が存在し自我が侵害されていると感じているか、そして改善の見通しがどうであるか、その内容が重要となる。不安と悲しみの二つの感情で共通しているのは、害を及ぼすような状況だが、不安は事態に対処していける可能性が低く、また不確かな場合に生じるが、悲しみはどちらにしてもよくならないだろうというような、期待の低さから生じるというように、見通しの違いによって両者は区別される。ラザルスがあげたこのような事態は、グレイのいう中隔海馬系で取り扱われる目標間のコンフリクトではなく、前頭葉での処理が問題となる、目標と下位目標間のコンフリクトであることは明らかである。このようにして、グレイが問題とする中隔海馬系が関係する不安とは、脊椎動物に共通する不安かも知れないが、人独自の自我が関係する不安の重要な部分を含まない、いわば不安の原型ともいうべきものであったということになるのではないか。フロイトにはグレイのような、動物に共通するものを探し求めるといった視点はなかったが、不安は自我をすみかとしているという人独自の不安論を提起した点に、私は注目したいと思ったのであった。

3　進化論者としてのフロイトとグレイ

フロイトとグレイの考えの共通点と相違点

これまで、フロイトとグレイの不安論を比較検討してきたわけだが、動物から人へという進化の歴史、そして人類が発生して以来の人の長い歴史のなかで、感情が、そして不安がどのように進化してきたかといった視点からの検討がまだだった。フロイトの進化論的な視点として議論に上るものとして、エディプスコンプレックスの発生についての仮説と、生の欲動・死の欲動の発生についての仮説とが考えられる。エディプスコンプレックスについては、「個体発生は系統発生を繰り返す」というヘッケルの進化論的反復説の影響を受け、原父殺しという系統発生的な仮定からエディプスコンプレックスの発生という個体発生的な仮定を導き出していた。また、生の欲動と死の欲動という二つの欲動に関する仮説は、一九二〇年の『快感原則の彼岸』のなかで、進化生物学者で遺伝学者のヴァイスマンの、有機体の生命の持続と死についての立論を参照したものであった。しかしフロイトのこれら二つの進化論的な仮定は神話的なものであり、また検証しようのない類推によるものであって、科学的な検証に耐えるようなものではない。

それではフロイトのなかで、進化的な観点から検討できる話題がないかといえばそうではない。それはフロイトが不安のあらわれの原型とした、新生児にみられる不安のあらわれについての考えである。それらは古い、非常に重要な、場合によれば前個人的な経験の再生産であると述べられている。

それは自我による不安が発生する以前の、自動的に生じる不安とされるものであった。これは検証可能であって、またグレイの不安論とも通じるところがある。新生児が出生の折に経験する呼吸器官にむけられた神経興奮の伝播は、他の多くのほ乳類にも類似した形態が存在しているのではないだろうか。このような問いにたいしてフロイトはどのような答えをだしてくれるのだろうか。

他方のグレイについては、不安は系統発生的に古いものであって、人と他の動物との共通点を強調しているのであった。しかしすでに指摘したように、自我による不安のコントロールといった側面についての考察が欠如していた。私にはグレイのいう系統発生的に古いという、主な実験動物であったネズミで観察された不安といわれるあらわれが、フロイトのいう自動的で経済性の原理で動くような不安と類似した面があるように思えた。たとえば脅威の源との距離や脅威の強さによって、逃走反応と接近反応のどちらが生じるかが決定されるという考えは、まさに経済性の原理である。

フロイトがみた直立歩行への進化の姿

もう一つ、これは広い意味での感情の進化を考える上で重要なフロイトの考察がある。それは人が直立歩行するようになったことの意味についてのことである。直立方向は、人の前足つまり手を歩行から解放し、手や指の役割を道具の制作や使用へと、そして言語の発生を導いたというのが通説である。しかしフロイトは違った観点から直立歩行の意味を評価していた。『文化への不満』のなかでこう述べている。

人が直立歩行をするようになると、性器が露出するようになってきた。性器を保護する必要性が生まれ、また羞恥心が発生してきた。男女の性的関係は、それまでの女の性周期に影響されていた関係から次第に解放され、より心理的な条件による結びつきとなるような関係へと進んでいった。このことには、月経と結びついた嗅覚的な刺激が、男の性的興奮を引き起こしていた段階から、直立歩行によってもたらされた視覚的刺激の優位性へと移行していったことと関係している。男女の間の恒常的な性的関係は、男を中心とした家族の形成を促進していったものと考えられている。このような家族の成立は、次第に感情を細かなものへと分化させていっただろう。

しかしこうした、進化論的生物学者とみなされるようなフロイトの考え（たとえばアメリカの心理学者マクドナルドの一九八六年の論文[4]）には、文化の発生には原父殺しという人類の神経症がかかわっているという、フロイトの文化論がその底辺にあることを忘れてはならないだろう。ちなみに『文化への不満』と邦訳されているこの著作の「不満」の原語は、「不安」「心配」といった意味を含んでいることばであって、原題は「文化への不満」であり、また「文化の中での不安」を意味していた。

しかし、これはフロイトの著作すべてを通していえることだが、『文化への不満』のなかに示された直立歩行の意味についての注目すべき考えは、男の側からの解釈であって、女の側からの眼というものが欠如していることは否めない。この点グレイの進化論的な考えには不安の発生についての性的な観点による違いは存在していない。

グレイの三システム論と進化心理学

グレイは基本感情には、激怒、恐怖、不安、喜びの四つがあると考えていた。しかし不安を中心とした闘争・逃走・フリーズシステム、行動接近システム、そして行動抑制システムの三システム論からは、激怒と恐怖が除かれ、その代わりに恐れが、闘争・逃走・フリーズシステム特有の感情として登場する。このような変化から、不安の発生に関する進化的過程について、ある程度うかがい知ることができるように私には思われた。食うか食われるかといった生存競争のなかでの激怒や恐怖からは不安は発生しようもない。不安は複数の目標指向的行動の間のコンフリクトによって生じるわけだが、闘争している事態ではコンフリクトを起こす余裕はないのである。

闘争の結果負けそうになるか、あるいははじめから相手が自分よりも強いとわかっている場合には、相手から逃走しなければならない。逃走のはじめは恐怖による無我夢中の行動であろう。逃走の方向など視野に入る余裕はない。しかし初期の逃走段階で成功して、逃れられる可能性がある程度高くなったならば、もっとも安全となるにはどうしたらよいかの検討が素早く行われることだろう。いくつかのコンフリクトし合う行動のなかから一つの行動が選択され遂行される。このようにして行われた行動が、逃走という目的に適ったものとなったならば、この行動は強化され、後の行動で使用される可能性は高くなってくるだろう。このようなことが繰り返し行われていくなかで、行動抑制システムが作られていったものと考えられる。つまり闘争・逃走・フリーズシステムのなかから、行動抑制システムが作られていったと考えるわけである。

行動抑制システムが発生してくるもう一つのルーツとして、図5に示されているように、闘争・逃走・フリーズシステムと行動接近システムの共同活動が考えられる。闘争・逃走・フリーズシステムは、脅威に対する行動システムである。そのときの状況によって闘争するかあるいは逃走するか、また行き詰まってしまってフリーズするかが、無条件反射的あるいは条件反射的に決定されるが、その条件と具体的なあらわれは、進化の過程のなかで種に特有な形となるものと考えられる。

もう一方の行動接近システムは闘争・逃走・フリーズシステムとペアになって、食と性という人の基本的な欲求を満足させる源となっている。食を得るための二つのシステムの利用と同様に、多くの動物の雄にみられる雌をめぐる行動でもこの二つのシステムは利用される。雌をめぐる争いは闘争・逃走・フリーズシステムによって行われるが、このシステムを開始させるのは性の欲求を求める行動接近システムである。図5によれば、闘争相手に対する恐れと、雌を獲得できるという希望の間のコンフリクトから不安が生じ、相手に対するリスク評価が行われる。配偶者を選ぶ際には、選択すべき対象の数に応じた二つ以上の行動接近システムの間のコンフリクトを考えればよいだろう。雌の場合には、よりよき子孫を残すために、ある場合には雄同士の闘争を刺激し、闘争の結果勝利した雄を選ぶことを可能にするような行為が選択されることになる。いうならば、相手から得られるもの、期待できるものの違いを評価するわけである。不安はこのような、ポジティブな行動のなかでも生じることを忘れてはならない。グレイの三システム論からはこのようにして、フロイトと違ったより幅広い、進化論的な観点に立った不安論が展開できるのである。

しかしグレイのこの三システム論を人に直接そのまま適用することはできない。闘争・逃走・フリーズシステムの役割は人では非常に小さくなっているからである。食と性の欲求を満足させるためには、闘争・逃走・フリーズシステムを直接はたらかせるのではなく、そこから進化してきた行動抑制システムが、行動接近システムとの共同作業を通して、社会的な関係のなかで目標を達成させていくようにと、進化の方向は向かっていった。後で述べるように、グレイのパーソナリティ理論は、この行動抑制システムと行動接近システムの上に構築されていくことになるのであった。

第五章　感情を進化の適応的過程として理解する

1　プルチックによる感情の進化的なとらえ方

感情を進化的な観点から考えるときに忘れてはならないのは、感情を感情の輪という三次元でもって示したことで有名なプルチック[1]の考えである。彼は、科学的そして治療的にみて感情の理解にとって役立つような方向として、ダーウィンに発する進化的観点、ウイリアム・ジェームズの心理生理学的観点、キャノンの神経学的観点、そしてフロイトの心理力動的観点という伝統的な視点に加えて、一九五〇年代に始まる認知的観点をあげ、これらのなかでもダーウィンの進化論的個体適応度の観点がもっとも重要だと考えていた。

表2　プルチックによる感じ（上表）のあらわれ方と感情の種類（下表）

刺激となる出来事	認知	感じの状態	外にあらわれた行動	効果
脅し	危険	恐れ	逃走する	安全
障害物	敵	怒り	攻撃する	障害物を撲滅
価値あるものの利得	所持する	喜び	保持または	資源を得る
価値あるものの損失	放棄	悲しみ	叫び	失われたものを再び付加し直す
グループのメンバー	友	受容	グルーミング	互いのサポート
受けがたい対象	毒	嫌悪感	吐く	毒を追い出す
新しいテリトリー	調べる	期待	地図を作る	テリトリーの知識
予期しない出来事	何？	驚き	停止	定位する時間を得る

弱い	基本感情	強い	弱い	基本感情	強い
興味 ←	予期	→ 警戒 ↔	動揺 ←	驚き	→ 驚嘆
平成 ←	喜び	→ 歓喜 ↔	物思い ←	悲しみ	→ 悲嘆
受容 ←	信頼	→ 敬服 ↔	倦怠 ←	嫌悪	→ 敵意
心配 ←	恐れ	→ 恐怖 ↔	困惑 ←	怒り	→ 激怒

＊対となる基本感情は横並びに示されている。従ってそこから派生する感情も，たとえば心配と困惑，恐怖と激怒が対になる。

「感じ」から「感情」への進化

環境のなかで、動物にとって行動を喚起するような刺激となる出来事が生じると、刺激を自分に関連づけるような認知が行われ、動物はそれを感じ（feeling）、生理的な目覚めが生じる。これは私が提起している「定位的行動」である。そこから行為への衝動が生じ、外にあらわれた行動となる。最終的にはその行動は、ある一定の効果を動物にもたらす結果となり、そこで反応は終結する（表2上欄参照）。感情とは単なる感じの状態ではなく、これらの出来事をゆるやかに結びつける複雑な輪である。表2の上欄には、人と人以外の動物に共通な八つの原型的な行動が示されている。人と人以外の動物に共通した感情が「感じ」であって、恐れ、怒り、喜び、悲しみ、受容、嫌悪感、期待、驚きの八つがある。不安と関係深い恐れを例にとると、「脅し」という刺激となる出来事→「危険」の認知→「恐れ」の感じの状態、「逃走する」という外にあらわれた行動→「安全」という効果というように、適応的な行動は経緯していくことになる。

これらの八つの感じは、人では八つの感情へと分類されることになるが、感じのなかの「受容(acceptance)」が感情では「信頼(trust)」に、「期待(expectation)」が「予期(anticipation)」に変わっている。原始的な行動での受容とは、自分のグループの一員を友と認知してそれを受け入れるという意味である。しかし友として受け入れたことがグルーミングとなってあらわれ、それがお互い同士を支え合うという結果をもたらし、これらを結びつける輪としての感情が生まれ、それが信頼となってあらわれるということになる。人ではこのグルーミングとは、グループメンバーとして「仕込む」「訓練する」ことを意味している。このことを感情の次元では、信頼の弱い状態である受容から信頼への変化と位置づけているわけである。

もう一つの原型的な行動でいう期待とは、新しいテリトリーがあるとそれを調査しようという認知によって生じる。何があるかしらというわけである。そこに出掛けて行き新しいテリトリーの地図が作成され、テリトリーの知識を得ることができる。このようなことが繰り返されると、新しいテリトリー、人の場合には具体的な空間的領域だけではなく、抽象的な知的空間領域にまでこのテリトリーは拡大されるが、この抽象的な空間領域での地図の作成とは、知的な操作を意味している。その結果として、知識は増大していく。このような一連の輪のなかから、期待の高まった状態、つまり確信度の高まった状態である予期が生じることになる。

私は、プルチックによる原始的な行動から生じる感じの分類のなかで、嫌悪感の発生の説明は面白いと思った。人の次元でも、嫌悪感をもたらすような対象には、確かに毒気が感じられるものである。また確かに吐き気をもよおすものである。こんないやなものは食べられない、いやだ。これが対人的な場面では、こんないやな奴、みるのもいやだとなるだろう。感情の進化的展開を考える上での重要な示唆である。対物的なものから、対人的なものへの変化ととらえられるような事例である。

基本感情を組み合わせて感情をあらわす

表2の下欄にあるように、それぞれの基本感情は対となることができ、またその強さの強弱によって同じ次元での感情と関係するわけである。いわば感情は横への広がりをもったことになる。彼はさらに、基本感情の組み合わせによって、新たな次元へと感情が示されると考えた。また経験される度合いに応じて、一次から三次までの感情が考えられている。感情の間の、このような複雑なネットワークは、感じのなかでは見ることはできない。ちなみに愛は、喜びと信頼の基本の感情の対から成り立った、「しばしば感じられる」一次の感情であり、好奇心は信頼と驚きの基本の感情から成り立った「時折感じられる」二次の感情となる。それでは不安はどうかといえば、予測と恐れから成り立った「まれに感じられる」三次の感情として位置づけされている。つまり不安は、恐れの予測によって生じてくるということになり、恐れと不安とはちゃんと区別されていた。プルチックはこのようにして、不安は感じることとの少ない副次的な感情と考えたわけだが、人では恐れと不安とは区別されていた反面、人以外の動物ではその区別はないことになって、サカナやネズミにも、人同様の不安の存在

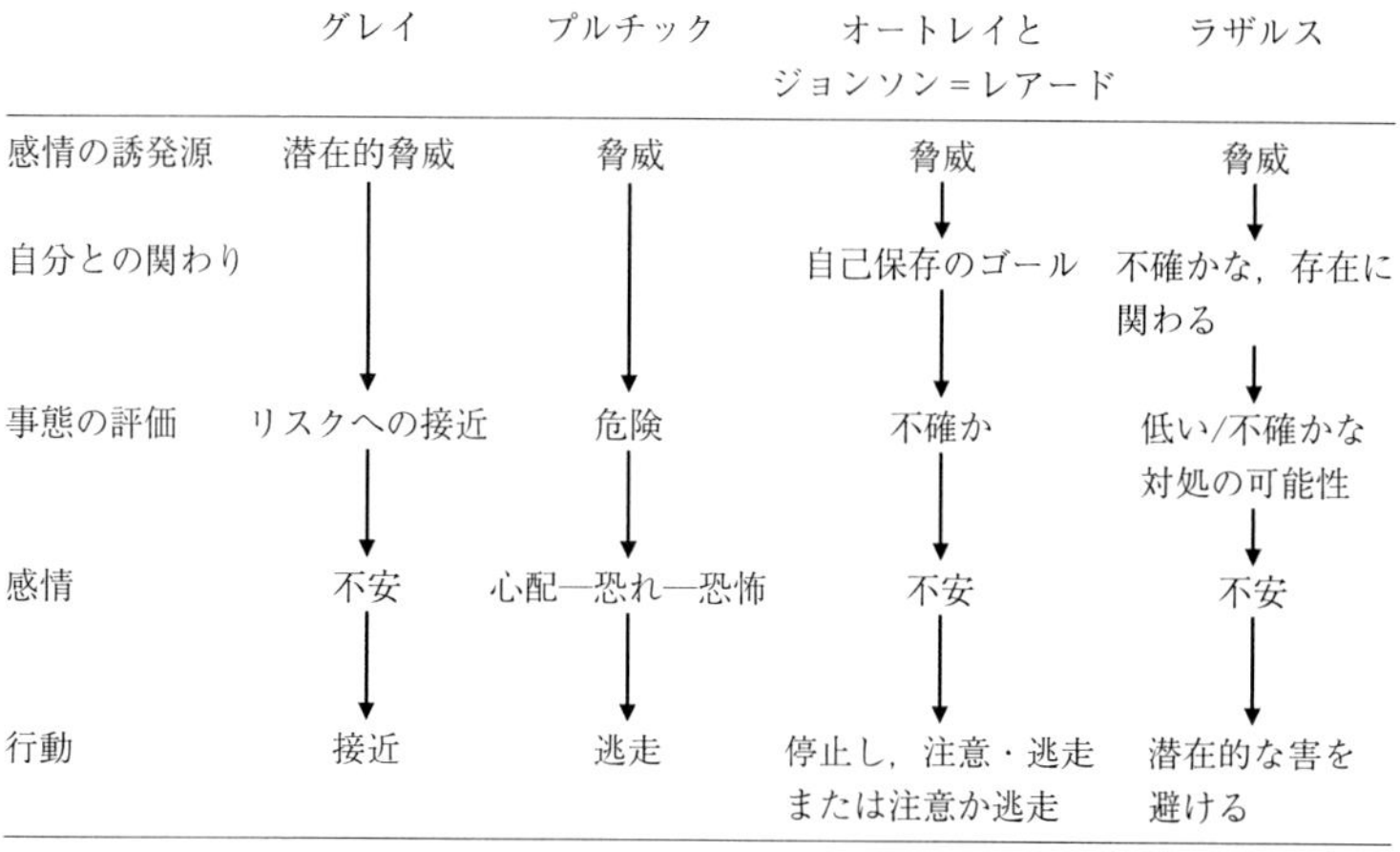

図7　4人の心理学者による不安のあらわれ方の比較

を認めたグレイの考えとは明らかに違っている。進化的な観点から、人に特有の感情を考えていくという、プルチックの立場のあらわれである。

四人の心理学者の不安論のまとめ

図7は、第一章で取り上げたオートレイとジョンソン＝レアードとラザルス、第三章で取り上げたグレイ、そして今取り上げた、プルチックの不安についての考えのまとめで、プルチックの枠組みをもとにして描かれている。不安の誘発源について三人は脅威をあげているが、グレイだけは実際の脅威と潜在的脅威とを区別し、不安は潜在的脅威から発すると考えた点が他と違っている。自分との関わりについては、グレイとプルチックを除いた二人ではそれぞれ、不安における自分との関わり方があげられている。事態の評価という分類はラザルス独特のものであるが、「対処の可能性」を考慮している点、グレイらの不安の考えに通じるものがある。生じる感情については、プルチックで

は動物に共通な感じを問題にしているので、不安ではなく恐れとなっている。不安あるいは恐れがどのような行動となってあらわれるかについては、四人の間での考えの違いがみられる。プルチックでは恐れという感じに対する行動なので、「逃走」となっている。オートレイとジョンソン＝レアードの考えた不安に対する行動は、グレイらの考えに通じる部分がある。つまり人は停止し、周りを用心深く注意し逃避するか、または注意するだけかはじめから逃避するかのいずれかの行動をとるわけである。ラザルスは不安に対しては、「潜在的な害を避ける」という行動を考えていたが、グレイらのような積極的な対処ではなく、不安は避けるべきものとネガティブにとらえていたことをうかがわせるものである。

これまでプルチックの枠組みをもとに、オートレイとジョンソン＝レアード、ラザルス、そしてグレイの考えを比較してきたが、やはり不安を行動と結びつけて考えてみると、接近行動と回避行動という関連づけに一番共通点があるようである。グレイは接近行動として、オートレイとジョンソン＝レアードは停止行動と回避行動の両面を、そして他の二人は回避行動としてとらえていた。しかしこの接近―回避という図式は、動物が食べ物という報酬を得るために接近する、害となる罰を避けるために回避するといった、ポジティブ、ネガティブな動機づけ、そしてそれと結びついた感情を背景にしてできあがったものである。したがってグレイの図式でいう不安の際の接近的行動は、報酬を得るための、ポジティブな動機づけに基づくものだというように奇妙なものとなってしまう。あるいはオートレイとジョンソン＝レアードのいう停止行動をどのようにあつかってよいか困ってしまうのである。したがってこの接近と回避という図式と不安とを関係づけるとどうもしっくりこない。より多くの感情を分類できる基準として登場したのが、接近―離脱（withdrawal）という分類、そして二つの大脳半球に分類するという方法であった。次の節で、そこに至る道筋についてくわしく述べることにしよう。

2　感情を接近行動と離脱行動に分ける

感情を接近と回避の行動としてとらえる

第三章でくわしく紹介したグレイの不安論の特徴の一つは、恐れと不安をはっきり区別し、不安を脅威に対する回避（avoidance）行動ではなく、潜在的脅威に対する接近（approach）行動だと考えたところにあった。不安を回避行動だととらえている世間的な常識からみても、あるいは同様にとらえている心理学の研究動向からみても、全く逆のとらえ方であった。心理学では一般的に、行動はある対象に接近するか、回避するかという枠のなかでとらえることが多い。好きな、好ましい対象には接近するが、嫌いな、好ましくない対象は回避するものというわけである。そうすると、グレイの分類によれば、恐れは好ましくない対象に対する反応であり、不安は好ましい対象に対する反応だということになって、恐れの場合にはよいのだが、不安の場合は、好ましくない対象に対する反応だという常識とはかけ離れてしまうのである。

もっとはっきりしたおかしな例は、怒りの行動である。表2に示されているプルチックの分類によれば、人と人以外の動物に共通した「感じ」の段階では、怒りとは障害物に対する反応であり、障害物を敵と認知し攻撃するという、相手に向けられた接近的行動である。人の場合、怒りは顔への表情や身体な表出として、あるいはことばによる表出としてあらわれるが、身体的な攻撃が含まれない場合であっても、やはり攻撃的な性格をもっている。どう考えても、接近行動は必ずポジティブな感じによって生じ、回避行動は必ずネガティブな感じによって生じるものだという考えが、間違っていたとしか考えようがない。

まずは、接近行動—回避行動と感情とを、結びつけようという発想が、どこから来たのか考えてみよう。それがわかれば、今問題にした間違った考えがどこにあったかがわかるからである。心理学では、動物とくにネズミ（ラットやマウス）を使った学習の実験結果が、人の行動のモデルになると考えられていた時代があった。ネズミがバーを押して、えさを出すことを覚えるのは接近行動である。またネズミがバーを押して、電気ショックを避けることを覚えるのは、回避行動である。どう違うのだろうか。

ランプがついたらバーを押してえさを出すという行動は、えさというポジティブな誘因に引かれるという意味で接近行動である。ネズミの感じを中心にプルチックの基本感情に基づいて考えてみると、バーをみることによって期待というポジティブな感じは高まり、ランプの明かりをみることでそれはさらに高まり、えさを食べることによってポジティブな感じは喜びという感じで終わる。行動という次元でみると、バーに接近し、押すことによってえさがでてくると、えさというポジティブな誘因に接近し、それを食べるという接近行動で終わる。

もう一方のバーを押して電気ショックを避けるという場合には、電気ショックというネガティブな誘因を回避する、つまり無効にする（英語の回避＝アボイダンスには取り消し、無効という意味がある）ためにバーを押すのである。グレイに従えば電気ショックという脅威は潜在的なものであるので、ネズミはバーの前では恐れではなく、不安を感じていたことになる。バーを押すことによって潜在的脅威はなくなり喜びというポジティブな感じに変化する。行動の次元ではバーに接近してバーを押すという接近行動である。あるいは、その場から逃げることが、電気ショックを受けることから免れる手段である場合には、逃避（escape）行動といわれるが、この場合には接近行動は一つもない。

感情を外部の誘因と内部の動因からとらえる

つまり接近―回避という図式には、まず外部に行動を引きつける原因（ポジティブな誘因）か行動を遠ざける原因（ネガティブな誘因）があり、それが内部の動因（動機づけ）と結びついて、ポジティブな誘因には接近行動、ネガティブな誘因には回避行動が起きるという考えがその前提としてある。しかしネガティブな誘因に対する回避、つまり無効化は誘因から遠ざかる行動とは限らない。バーを押すという接近行動や、グレイの場合のように、潜在的脅威の源までそっと近寄っていくという行動もある。さらにはネガティブな誘因である相手を攻撃して、脅威の源を無効化するという怒りに伴う行動まで存在するのである。

このモデルは、人や動物は、食べ物を食べて満足する、恐いことから逃れることができてほっとするという、行動を動かしていた動因が低減することによって強化が行われるという考えと結びついていた。接近が、あるいは回避が起きるのは、その行為によって動因低減が起き、行為は最終的に強化されるというわけである。ネズミなどを使った特殊な、限定された条件の下での学習実験では、接近―回避のモデルを使ってもよいだろう。しかし少なくとも、日常場面での行動を問題にする場合にはこのモデルは通用しない。接近―回避モデルでは、プルチックが考えた怒りの行動は予測できない。接近とは攻撃ではなくて、エサをもらい、食べ、満足するという行動であった。障害物があれば、その事態を回避するという行動しか考えられていない。つまり、動物も人も、能動性のない、受け身の存在として考えられていたことになる。しかし動物も人も実際は、コンフリクトの多い条件下におかれると、コンフリクトを解決するために、さまざまな環境の変化を求め、そのなかで解決の方策を探って行くのが通常の行為である。それは、動物が環境のなかで他の生き物に遭遇し、食うか食われるかの、争いをするなかで生まれてきたものである。感情の発生と進化も、このような進化論的な考察が必要であった。

感情を左右の半球の活性化と結びつける

感情を、左右の大脳半球のはたらきと関連づけて、精力的に研究を行っているアメリカの心理学者のダビドソン(2)は、左前頭葉の活性化が接近的な行動と、右前頭葉の活性化が離脱的な行動と関連するようにと、進化の過程のなかで分化が促進されることによって、ポジティブとネガティブの、相対立する動機づけシステムシステムがコントロールされるようになってきたと主張している。この考えは、左右大脳半球の分化と、動機づけシステムの分化とを関連させて、進化的にとらえたところに特徴がある。

ダビドソンは感じのモード（feeling mode）あるいは感情のモード（emotional mode）ということばを使って、感情が個人的な特性の一つとしても存在するという考えを述べている。つまり感情あるいは感じとは、ある心理的な状態に特有的にあらわれるだけでなく、その人の個性としての感情的特性としてもあらわれるのだという考えである。彼が特に注目したのは右半球の前頭葉のはたらきが活発なモードであって、このモードと結びつく感情がネガティブな性質であることから、こころの心理病理的な状態と結びつく可能性を指摘しているのであった。

後ほど第七章でくわしく紹介する、不安と右の前頭葉のはたらきを関係づけて考えようとする研究は、このような範疇にはいるものであって、その一つのダビドソンらの最近の研究も同じ趣旨から行われたものであった。

進化的観点からの接近—離脱モデルの出現

ある人の個性としての特性を、感情だけに限定しようとするダビドソンのこのような考えの問題点は後で指摘することにして、ここではまず、ダビドソンらが用いた接近と離脱という対置について考えてみたい。なぜ接近（approach）—回避（avoidance）ではなくて、接近—離脱となったのだろうか。接近行動の approach とは、行動として場所的に時間的に接近すること以外に、「入り口」「取り上げ方」「はたらきかけ」という意味が含まれている。他方離脱の withdrawal の語には、「引き下がる」「撤退する」という意味に加えて、「取りやめる」「感情的関与を避ける」「活動への参加をやめる」という意味が含まれている。ちなみに預金の引き出しも withdrawal である。感情との関わりという点からみると、接近―離脱の図式には、接近は感情の入り口であり、はたらきかけが関係し、離脱は感情の取り下げ、関与を避ける、という意味が含まれているということである。つまり、接近と離脱ということばには元々、ポジティブな感情、あるいはネガティブな感情という感情価との結びつきはない。進化的に解釈するならば、環境へのはたらきかけとそこからの撤退、そしてその新たな繰り返しという適応的な過程が読み取れるように思える。

それでは感情の進化は、接近―離脱という枠組みのなかに、具体的にどのように位置づけられるのだろうか。動物が他の生き物に出会って、接近行動をするにせよ離脱行動をするにせよ、それらは神経系における興奮の高まりや低下、そしてそれを支える内分泌系のはたらきにより可能となる。接近行動の場合、捕食行動を開始し成功すれば獲物を食べ、高まった興奮は最終的には低下することになるだろう。あるいは脅威に対する攻撃行動によってうまく相手を倒せたならば、同じく高まった興奮はやがては低下することになるだろう。また離脱行動によって、外敵からうまく逃れることができた場合、同様に高まった興奮は低下することになるだろう。

群れをなして生活している動物にとっては、自分の内部で起きたこのような変化を、外にあらわれた変化として伝えることができたならば、それは進化的に適応的なものとなるはずである。多分それは偶然に、ある個体から別の個体へと伝えられ、そのことが生きていく上で有効であったならば、そのような進化的に適応的な変化が、次第に固定化され強められてきたのだろう。顔の表情として自分の感じをあらわすことによって、表情にコミュニケーション的役割をもたせるのである。悲しみは、一人にしてほしいというコミュニケーションのあらわれである。顔の表情だけでなく動作も周りからの離脱をあらわしている。嫌悪の表情、これはもうこれ以上あなたとの感情的な関わりを持ちたくないというコミュニケーションのあらわれと考えられないだろうか。

怒りはネガティブな感情の例外である

それではネガティブな感情でありながら、ポジティブな感情と同じように接近行動に分類される怒りは、どのようなコミュニケーション的な役割をもっているのだろうか。怒りは攻撃と結びついている。動物たちが体を大きくさせ体色を変化させ、また顔の表情を変化させること、これらは自分を相対的に強く見せかけ、脅威を与えるという役割をもっている。つまり積極的に威圧的なコミュニケーションを図っているわけである。人間の場合でも、怒りをあらわにした顔に接すると、確かに脅威を感じるものである。また怒りに接すると、なぜ自分は相手を怒らせたのだろうと、萎縮した気持ちになるものである。しかし怒りの表情を使ったコミュニケーションは、自分と相手の間の力関係を考慮した反応であって、力関係において自分が弱者であることが明らかな場合には、怒りではなく恐れの感情が生じてくる。

怒りは進化的にみるならば、相手を圧倒しなければならないという脅威をもたらす場面から生じてきた。それはそうしなければ自分がやられてしまうといった敵対的な場面、あるいは獲物を得るための戦闘的な場面で生じるものだった。そこでいう力関係とは物理的な力関係を意味していた。しかし物理的な力関係ではなく、経済的なあるいは社会的な力関係がものをいう文明社会にあっては、怒りをぐっとこらえ、表情に出さないように努力するといった事態が発生する。不安はこのようなコンフリクトする事態でもまた生じてくるのである。

怒りは接近―離脱モデルでは説明できない

しかし人以外の動物たちにとっては、接近よりも離脱と結びついた変化の方が、適応的に大きな意味をもっていただろう。うまく離脱できなければ、死に至る危険に直面することになるからである。離脱とは回避が意味するような危険の無効化ではなく、危険からの撤退である。効果的な離脱とは危険から逃げ去るだけでなく、場合によってはその場に止まることもあり得る。そのために動物たちは、様々な工夫を行うことによって危険な場面であることを予知し、自分の身を撤退つまり離脱させようとした。警戒音を発することによって、危険の予測を仲間に知らせるという方法が、仲間全体への警報としては最も有効だったろう。そこで動物たちは一瞬立ち止まり、耳をそばだて周囲を見回すだろう。これが不安の原型となるのではないだろうか。危険が迫っていることを察知すると、全速力で離脱する。これは恐怖に対する反応である。しかし逃走するのが有効な手段でないことを察知すると、相手に気づかれないようにじっと潜んでいるという離脱的行為もあり得るのである。このとき生体で起きている神経系や内分泌系での変化は、私たちが恐れあるいは不安と呼んでいる状態だと考えられる。恐れあるいは不安の状態にあるときに外にあらわれた身体全体の変化は、仲間に対しては自分の内的な状態を知らせるための信号となるだろう。

このようにして接近行動と離脱行動というモデルは、接近行動と回避行動を対比させるといったモデルに比べると行動の実体に即したものだが、動機づけの方向という点では接近―回避モデルと違いはない。ダビドソンのモデルは、それにポジティブ、ネガティブという感情価を加味し、左右の半球の活性化という側面に、それぞれを振り分けようというものであった。動機づけの方向と感情価とは、必ずしも一致するものではないので、ダビドソンのモデルでも、怒りについては説明ができなかったのである。

他方、嫌悪とか悲しみといった感情は、その原型がプルチックのいうように、人と動物に共通な「感じ」から生まれたものであるとはいえ、より高等な哺乳動物、おそらくはチンパンジーと人だけにしか見られない感情が存在しているように思われる。なぜならば、そのような感情が、コミュニケーションとしての役割をもつためには、相手のこころの状態を読むという、「こころの理論」といわれているはたらきをもつ必要があるからである。嫌悪の表情をされると、相手の気持ちを察して、あれ自分はいったい何をしたのだろうと自分を振り返ってみるものである。また悲しんでいる人を見て、その人の気持ちに共感して同じような気持ちにもなる。またこのような行為に伴う感情には、感情的関わりを避けるという、離脱的な意味合いから発したものがあることを知ることも重要であろう。たとえば嫌悪感には、相手に対する積極的な感情的な関わりを避けた結果のあらわれという側面がある。これらは生活の知恵として知っておくことも重要だろう。

3　感情と認知を統合させる新たなモデル

感情と認知の脳モデルはなぜ違うのだろうか

これまで感情を、接近―離脱という枠組みのなかで、進化の過程のなかでの変化としてとらえてきた。他方、感情を脳のはたらきとの関係から眺めてみると、左半球ではポジティブな感情、右半球ではネガティブな感情と大まかに関連づけることができることから、接近―離脱というこの枠組みを、感情の脳研究にも適用しようという研究が、当然のことながら多くあらわれてきた。先に述べたダビドソンらの研究はこの枠組みのなかにはいるものである。

しかし、左右の大脳半球の、はたらきの違いについての研究史を振り返ってみると、人の感情機能についてではなく、認知的機能についてのものが圧倒的に多く行われていて起源も古い。右利きではことばのはたらきが左半球で行われているのを明らかにした、フランスのブローカやドイツのウェルニッケの一九世紀後半の研究に始まるものである。言語機能は左半球で、視空間機能は右半球に分かれていることは、皆がよく知っていて常識とさえなっている。しかし左右の大脳半球と感情との関係についての研究は少なく、また認知と感情を大脳半球のはたらきによっての関係づけようとする研究はさらに少なかった。なぜだろうか。それは認知的機能の進化についての議論が、もっぱら言語の発生と結びつけられて行われていて、感情機能を説明する原理とはなり得なかったからである。

その図式は次のようなものであった。人が直立歩行できるようになると、手は歩行の役割を免除され、その自由度は増大し、食物を得るための戦いの道具や農耕用道具を生産し使用するためにもっぱら使われるようになった。また農耕道具の生産と使用は集団生活を促進させ、コミュニケーションの手段の発達をうながしていった。農耕においては、集団で行う方がより効率的だからである。コミュニケーションは身振りや手振りによる動作的コミュニケーションから、ことばによる言語的コミュニケーションへと進化していったが、このような進化を可能にしたのは脳の容積の増大に伴う、左右の大脳半球のはたらきの分化であった。右大脳半球は視空間的な全体的処理を受け持ち、左大脳半球は言語的で分析的な処理を受け持つようになった。これが言語と認知機能の進化に関する定説の大まかな紹介である。

左右の大脳半球の分化は脊椎動物に共通している

このような定説に対して正面から反論したのは、言語の研究者として知られているアメリカの心理学者マクネーレージら(3)であった。彼らは、言語が左半球に局在化されていく進化の過程は、脊椎動物の行動の特徴にまで遡って考えなければならないとした。脊椎動物ではすでに左右の大脳半球の分化は行われていたからである。カエルを例にとると、バッタが視野の右側に入った時によく捕食行動に出るが、今度はヘビを見たとすると、視野の左側に入った時に敏速な回避行動がみられるというように視野の使い分けが行われている。ここで、視野の右側で見られたバッタの情報はまず左半球に送られ、視野の左側で見られたヘビの情報はまず右半球に送られるという視覚系の特徴を考えればよい。彼らによると脊椎動物の左半球は進化の過程で、通常のよく知った環境下での習慣化された作用に合致するように特殊化されてきたので、バッタを捕るという行動は左半球でバッタを見たときの方が素早く行われる。他方右半球では環境の予期しない刺激を検知し、緊急的な反作用が出来るように特殊化されているので、ヘビを見て素早く逃げるためにはこの方がより有効だということになる。左右の半球に特殊化された行動を有効に使ってきたカエルの子孫が進化の過程のなかで適応的に生き残ってきたというわけである。認知と感情とが、左右の大脳半球のはたらきと関連づけられ結びついていく起源はここにあったのである。

右半球は、視覚的な空間的処理に優れることを通して、環境の予期しない刺激を検知し、緊急的な反作用的行動を可能にしていったと考えられる。自分を捕食する可能性をもった敵に定位してとるべき行動を探索している際に生じた生理的な変化は、恐れのようなネガティブな感情の起源となっただろう。左半球はというと、接近して襲い（攻撃をして）、そして捕食行動をするという、習慣化された行動が定着し、これが認知的なはたらきを促進していったものと考えられる。捕食の成功と関連した一連の生理的変化はポジティブな感情の起源となるだろう。ここで重要なことは、捕食の前段階である相手を攻撃する際の高揚した感じもまた、このポジティブな感情の前段階として、広い意味でのポジティブな感情のなかに含まれているということである。

怒りは収斂的行動であり例外ではない

怒りの感情はこの攻撃的行動と無関係ではない。捕食しようとする際の相手の抵抗（障害物）は、怒りの感じを呼び起こす（表2参照）。捕食というルーチン化された行動の途中に挿入された障害は、やがては取り除かれる（相手を打ち負かせる）という見通しがあるからこそ、攻撃を続けるのであって、見通しがなければ（相手に打ち負かされることになる）恐れの感じとなり、すぐさま逃走するだろう（同じく表2）。大学生を対象にしたハーモン・ジョーンズら[4]の実験は、怒りを起こした状況を自分が修正可能だと予測すると、左半球での活性化が生じることを明らかにしている。彼らはこの結果を、左半球はポジティブな感情と関係しているのではなく、接近的な動機づけと関係していることの証拠としてあげているが、私はそうではなく、怒りの感情というものは元々、攻撃的行動が、ルーチン化された軌道に乗る可能性のある場合に発生するものとして解釈してみたい。

怒りがどういう場面で発生するかを考えてみよう。行列をつくって並んでいるときや車を運転中の、割り込まれた際に感じる怒りの感情、何か不条理なことに遭遇した折に感じる怒り、これらは相手が、あるいは対象となる事柄が、怒りの表現によって何らかの改善が行われる余地があり、漠然とではあるがその方向が見えている場合に生じると考えてよいだろう。もし見通しが全然ないか、あるいは逆にそのような場面に遭遇することが、身の危険にまで発達する可能性が予測されると、人はあきらめの気持ちをもったり、その場を逃げ出したりするだろう。このようにして、怒りは習慣化された認知的判断を扱う左半球と関係しているのである。

前頭葉の活性化と定位・探索、収斂・慣例化活動

左右の大脳半球が、通常のよく知った環境下での習慣化された作用に合致するはたらきと、環境の予期しない刺激を検知し、緊急的な反作用ができるようなはたらきに分かれ、それぞれに特殊化して

いったというマクネーレージのこの考えは、ロシア出身でルリアの弟子であったアメリカの神経学者ゴールドバーグの[5]、右半球は新奇性（目新しさ）に、左半球は慣例化（ルーチン）に対応するようなシステムが進化の過程のなかで構築されていったとする考えとも対応している。また彼はいくつかの研究を紹介しながら、大脳半球の活動は右半球から左半球へと移行していくとしている。マクネーレージらやゴールドバーグのこれらの考えを参考にして、私は最近の著書[6]のなかで、右と左の半球のはたらきを定位的処理と収斂的処理として再構築しようと試みてきた。この考えにもとづいて、序章の冒頭で定位・探索活動と収斂・慣例化活動という考えを披露したわけであった。

この定位・探索活動と収斂・慣例化活動という考えを、右前頭葉が活性化している状態と左前頭葉が活性化している状態に適用してみると、右前頭葉が活性化している状態とは定位・探索活動によって活性化している状態であり、また左前頭葉が活性化している状態とは収斂・慣例化活動によって活性化している状態だということになる。つまり右または左の前頭葉の活性化はそれぞれ、定位・探索活動または収斂・慣例化活動があって初めて成立する状態だということになる。このような考えからすると、怒りを除いた右半球を活性化させるネガティブな感情は皆、定位・探索的反応だということになる。この本で取り上げたオートレイとジョンソン＝レアード、ラザルス、プルチックの三人に共通なネガティブな感情である悲しみ、嫌悪感は明らかに感情の対象に対する定位・探索的活動であって、その状態のまま収斂ルーチン化して終わるようなことはない。他方、ポジティブな感情として示されている喜びや幸福感は、定位・探索活動が収斂ルーチン化した状態そのものであって、その感情はその状態のまま終結するのである。

このモデルを認知機能に適用すると次のようになる。右半球の空間機能は右前頭葉の定位・探索的活動によって次第に分化し、当事者にとっての意味を持ちはじめるが、それらの個々の空間的な意味体系というものは、左半球の言語的意味体系のなかにまとめられ収斂ルーチン化していくことになる。たとえば、さまざまな状況下で示される顔の表情は、それぞれの場面に特有な表情として意味をもつようになってくるが、それらが違った感情のあらわれであることが認識されるためには、表情にラベル（言語的な命名）がつけられ、ラベル同士が比較される必要があるということである。

進化的な過程の展開としての定位・探索と収斂・慣例化

ここでこれまで述べたことを振り返り、定位・探索活動と収斂・慣例化活動を、進化的な展開の過程として眺めてみたらどうなるだろうか。私たちの祖先が、外敵から身を守るために、集団で洞窟のような身を隠す場所で生活していた時の状況を想像してみよう。居住場所から一度外に出ると、外界は警戒すべき不安に満ちたものとして存在していただろう。木々や草むらの立ち並びや動き、それらに警戒の目や耳はむけられていた。そこでの空間的配置の記憶と、そこに変動が起きたとすればその察知は重要な要素であった。どこかが、何かが変わっていれば、それは警戒に値するものであった。それらを定位・探索活動と名づけたわけである。

それは、接近活動と離脱行動の入り交じった活動である。接近すべきか離脱すべきか、定位し探索するわけである。警戒すべき危険なものと認知されるとそこから離脱する。これまで経験した対象であり、獲得するに値すると認知されると接近する。接近してうまく獲得できたならば、それは目的に適った行動として収斂・慣例化（ルーチン化）する。収斂ルーチン化とは、まとまること、集約されることによって、行動が習慣化されることである。住まいの外の環境での、定位探索と収斂ルーチンの入り交じった活動とはこのようなものであった。この活動を支えていた感情が不安である。つまり不安の感情とは、止まることなくあっちへ行ったりこっちへ来たりするといった不安定な感情なのである。

これまで述べてきたように、感情は接近的反応か離脱的反応かのいずれかに分類できるが、例外が不安であった。グレイの共同研究者であったブランチャードとブランチャードが示したように、ネコの匂いという潜在的な脅威に直面したネズミは、隠れ家に逃げ込んで我が身の安全を確保する。安全になった隠れ家でははじめは身を固くして警戒するが（離脱反応）、しばらくすると辺りを見回し、外部のさまざまな情報を集めながら、ゆっくりと隠れ家から顔を出すのである（接近反応）。そこで脅威がまだ去っていないことを察知すると、また素早く隠れ家に戻るが（離脱反応）、安全なことがわかるとアリーナへと出掛け、遊んだりえさを食べたり水を飲んだりするのである（接近反応）。しかし離脱と接近の繰り返しは、結局は定位から収斂への道程である。ネズミの行動は最終的には行動接近システムの活動による終結へと向かっていたからである。

ここでもう一度私たちの祖先の行動にもどってみよう。不安の感情に支えられた行動のおかげで無事に身を守り、狩りをして獲物を捕らえて我が家へ帰ることができた。我が家は、ブランチャードとブランチャードの実験でいう隠れ家的な存在である。そこは外敵から我が身と家族を守り、外敵に対しては恐れを生み出す、また同時に獲物を料理するためにも必要であった火を囲み、そこで過ごす家族とのひとときは、これまでの不安からくる緊張を解きほぐしてくれるものだったに違いない。そこで注意は周囲の馴染みの深い見慣れたものへと向かい、何か変わったものはないかとあちこちを走査する行為があったろう。そこで何も変化が認められなかったならば、この不安に基づく走査的な行動は、やがては習慣化された馴染みの深い行動へと収斂していっただろう。ほっとしたことからくる喜びやうれしさといったポジティブな感情は、このような環境のもとで生まれてきたものと考えられる。

ここで重要なことが二つある。一つは不安には、緊張し警戒する役割を担った不安と、次の新たな動作に移るための前段階としての、走査的役割を担った不安の二種類があるということである。二つ目は、不安は馴染み深い環境のなかで落ち着くことによって、解消されるということである。言い換えれば、これまでとは全く逆の環境への転換が必要だということである。このことは後ほど、反転説として、あるいは私の不安モデルのなかで説明されることになる。もしこのような反転が不可能な環境のなかに長く居続けるならば、不安は固定化されやがては不安障害としてあらわれてくるだろう。

グレイの理論を定位・探索と収斂・慣例化活動として読み解く

今述べてきた不安の発生とその消滅についての図式は、グレイの三システム論を使ってうまく説明することができる。自分の身に害を及ぼす恐れのある外敵に遭遇した場合を想像してみよう。そこでは闘争・逃走・フリーズシステムが前面に出てくる。攻撃するか逃げるか、どうにもならない場合には、その場にフリーズしてしまうことがあるかもしれない。いまここでうまく逃走できて、茂みに身を隠したという事態を想像してみる。しばらく経っても何事も起きなかった。相手がまだいるかどうかはわからない。相手は現実的な脅威から潜在的な脅威へと、次第に姿を変えていくだろう。ここで不安が生じてくる。その不安に二つの側面があることは、行動抑制システムのはたらきから明らかである。表1にあるように、そのはたらきとは「優勢なコンフリクトする行動の抑制」「リスクへの接近」「目標間コンフリクトの解決に役立つ記憶や環境を走査する」ことである。身を隠していて、まだ恐いからやはり逃げようとする行動が、コンフリクトする優勢な行動である。逃げたいがそれを抑えてじっとしている、このときには心臓は高鳴り汗ばみ、のどはカラカラに渇いているだろう。これが後で述べる身体的不安に対応している事態である。

次いで目を凝らせ、耳を澄ませてというリスクへの接近がある。まだ止まるか、あえて攻撃するか、あるいは走って逃げるか、または気づかれないようにそっと逃げるか、これらの目標間コンフリクトがあるが、どの行動をとるかを決める際に、これまで蓄えてきた記憶や周りの状況を走査することになる。この際にはいろいろな思いが頭のなかをよぎるだろう。あれでもないこれでもないと空しく回転することがあるだろう。これが認知的不安に対応することになる。しかし最終的にはある行動をとることが決断され実行されることになる。この認知的不安は身体的不安と同様に、定位的活動であるようにみえるが、ある行動へと導くという意味でそれは収斂ルーチン的活動ということになる。

しかしこのような図式を現代人に適用する場合には、行動抑制システムと行動接近システムの二システムを中心に考えていく必要がある。我が身を外敵から守るためには、闘争・逃走・フリーズシステムをはたらかせるのではなく、社会的環境のなかで行動抑制システムと行動接近システムをうまく使っていくことが求められているからである。初対面の人に対する対人行動を例にとるならば、まず相手が自分にどのような理由があって接触してきたのかを探り、相手の年齢、性別、服装、話し方などから、最適の接し方を探索することから対人行動は始まる。これは定位・探索的行動である。そこで最適あるいはより適しているとこれまでの経験から考えられたある行動（接し方）をとる。これが収斂ルーチン的行動である。採択された収斂的行動が適したものであれば、そのまま行動は進行していくだろう。うまく行かなかったならば、新たな行動のあり方が探索され（定位的行動）、新たな収斂的行動へと向かうことになる。

第六章　質問紙は不安を本当に測っているのだろうか

これまでは想像を交えながら、進化の過程のなかで不安がどのように発生し、私たちの祖先が不安の感情のおかげでどのように生き延びてきたのかという話をしてきた。不安とは実に不思議な感情である。他の感情はすべて、接近的な感情かあるいは離脱的な感情かに分類できるものだったが、不安だけが両方にまたがっていて、その場の状態に応じてそのどちらかが強くあらわれたりするのである。不安が離脱的な性質と接近的な性質の両方をもっているということは、不安が定位的な性質を強く持っていることを示している。外敵から身を守り、場合によれば相手を攻撃して倒すという、生存していく上で不可欠な感情として、相手に、そしてその場に定位的な感情としての不安は発生してきた。それだから不安の定位的な活動は独自の役割をもっていたのである。このことが不安を他の感情と違った、独自の性質を持たせるようにしたといえるのである。この不安が質問紙を使って測れるとしたら非常に好都合なことである。不安以外の感情については、その感情が何であるのか、またどの程度の強さのものなのか、質問紙であれこれ聞いてみるほど複雑なものではない。

不安だけがパーソナリティ特性に類するような特性としての性質と、その場の状態に依存して変化するといった二面性を持っている。それは不安が常にその人のなかで準備されているという特性的な性質（不安の準備性）と、その場の状態に応じて変化してあらわれるという状態依存的な性質（不安の即応性）という、不安の進化的な背景を考えると理解できることである。不安が特性不安と呼ばれる特性的な部分と、状態不安と呼ばれる状態依存的な部分とに大まかに分かれるということから、両者を分離して質問紙を使って測ってみようという試みを、一九六〇年代にアメリカのスピルバーガーが始めた。現在二度の改訂を経ているが、彼自身の記述によれば、この検査は三〇〇〇以上の論文に出ていて、三〇以上の言語に翻訳されているという。不安質問紙としては、特性不安を測っているテーラーの顕在性不安尺度（ＭＡＳ）も有名だが、本書で紹介するような脳科学領域の研究で用いられるのは、スピルバーガーの不安検査がほとんどである。このスピルバーガーのＳＴＡＩ特性・状態不安検査が本当に不安をうまく測っているのかどうか、その検討からまず始めることにしたい。

1　よく使われる不安検査は二つの不安を分けていない

特性不安検査は実は二つの不安を一つとして測っている

スピルバーガーのＳＴＡＩ特性・状態不安検査[1]はその名前からわかるように、特性不安（Trait Anxiety）と状態不安（State Anxiety）の二つの検査を含めた呼び名である。まずこのなかの特性不安検査についてみていくことにしたい。このSTAI特性・状態不安検査が世界中で一番よく使われてきたのは、テストとしての妥当性や信頼性が高いといわれてきたことが、その最も大きな理由だった。妥当性とは的確に不安を測っているかどうか、信頼性とはいつも同じ結果が得られるかどうかをみるための指標である。しかしうつ病と不安を弁別する能力の低いことが研究者間で指摘されてきて、この妥当性の一部が問題となっていた。たとえば次の第七章で紹介するホフマンらの研究[2]では、STAI特性不安検査項目とベックうつ病調査票[3]の間には〇・八〇と高い相関関係が認められている。このSTAI特性不安検査項目と認知的不安を測る目的のペン・ステイト心配質問紙[4]（PSWQ）の間には〇・八一と同様に高い相関関係があるが、このペン・ステイト心配質問紙とうつ病調査票の間の相関は〇・四六と中程度のものだった。つまりSTAI特性不安検査では不安とうつ病とを弁別することはできないが、ペン・ステイト心配質問紙ではある程度弁別することが可能だということになる。

このように、STAI特性不安検査の質問項目そのものを再検討することが必要な事態がでてきた。日本で用いられているSTAI特性・状態不安検査の最新版は、英語の最新版を日本向けに改訂し直したものである。ここではオリジナルの最新版であるSTAI Y‐1（状態不安）とY‐2（特性不安）の内容を検討することにする。それぞれ二〇問あり、状態不安では今の感じについて、「非常にそう感じる」「ややそう感じる」「あまり感じない」「全然感じない」の四段階で答える形になっている。

状態不安の質問項目で特性不安の質問項目と共通しているのは、「心配ない感じ」と「うれしい感じ」の二項目であって、類似している項目は「満足な感じ（自分に満足な感じ）」、「いらだった感じ

（いらだって落ち着かない感じ）」、「自信のある感じ（自信がない）」、などの五項目で、括弧のなかが特性不安の質問項目である。「……の感じ」となっている項目は状態不安では二〇項目中一五項目なのに対して、特性不安では二〇項目中八項目に過ぎない。

特性不安の質問は、「あなたが普段どのように感じているか」について、「ほとんどいつも」「しばしば」「時折」「全然感じない」の四段階での回答となっている。先にあげた例は短文だが、状態不安の質問文に比べると長文が六問と多い（状態不安では一問）。

ホフマンらの調査でも明らかなように、多くの研究でこの特性不安とベックうつ病調査票との間に高い相関が示されているので、両者の共通する質問項目と共通しない項目を拾い上げて、特性不安の質問項目の特徴を調べてみることにした。その結果が表3に示してある。ちなみにベックうつ病調査票はうつ病と関係すると考えられる二一の項目（たとえば悲しみ、自己嫌悪、罪の感じ）それぞれについて、それぞれの項目の感じ方を四段階であらわした文章のいずれかを選んでもらうといった形式のものである。「悲しみ」の項目であれば、0　悲しいとは感じない、1　多くの時間悲しいと感じている、2　いつも悲しい、3　非常に悲しく不幸なのでそれに耐えられない、となっている。

スピルバーガーの特性不安の質問一二項目と、一致するか類似したベックうつ病調査票項目は一〇項目あった。一致しない項目一一個（表3の最下欄）をみると、うつ病に独自の症状の項目であることがうかがえる。スピルバーガーの特性検査のベックうつ病調査票と一致または類似した項目と、一致しない項目を比べてみると興味深いことが明らかになった。一致した項目は、「休まった感じである」、「落ち着いている」、「いらいらして落ち着かない」、「静かでクールで落ち着いている」という身

表3　スピルバーガー特性検査とベックうつ病調査票の共通項目と共通しない項目の比較

二つの検査の共通項目

スピルバーガー特性検査	ベックうつ病調査票
幸せだ（－）	悲しみ
他の人のように幸せになりたい（－）	(同上)
落伍者のような感じである	過去の失敗
楽しい感じである（－）	楽しみの喪失
自己信頼に欠けている	自己嫌悪，自己批判
休まった感じである（－）	興奮，いらいら，集中できない
落ち着いている（－）	(同上)
いらいらして落ち着かない	(同上)
静かでクールで落ち着いている（－）	(同上)
気楽に決定する（－）	優柔不断
自分に満足した感じである（－）	取り柄のなさ
満足だ（－）	(同上)

共通しない項目

スピルバーガー特性検査
困難なことが克服できないほど積み重なっているように感じる
実際はつまらないことを心配しすぎる
不安にさせる考えをもっている
心配のない感じである（－）
適性を欠いている感じがする
何でもない考えが頭を駆け巡って悩ませる
案外つまらないことに敏感で頭から追い払えない
最近の関心事や興味のあることについて思い巡らすと緊張や混乱の状態に陥ってしまう

ベックうつ病調査票
悲観主義　罪の感じ　罰を受ける感じ　自殺の考えまたは願望　泣き　興味の喪失　エネルギーの喪失　睡眠パタンの変化　食欲の変化　疲れまたは疲労　性に対する興味の喪失

体的不安であることがはっきりしている項目か、またはそれに類する項目かそれ以外の項目だったが、共通しない特性不安の項目はすべて認知的不安の項目であった。認知的不安を記述するためには長文になることが多く、六問中五問が共通しない特性の項目となっていた。なお表3で（－）と示されている項目は逆転項目といわれているもので、逆に採点される項目のことである。

このようにして、スピルバーガーの特性不安の特徴が、ベックうつ病調査票との対比から明らかになってきた。両者の関係が強く出るのは、特性不安の身体的不安を測っていると考えられる項目の影響によるものである。これに対して両者を区別するのは、特性不安の側では認知的不安の項目であり、うつ病質問票の側ではうつ病独自の質問項目ということになる。つまり不安と抑うつ性に共通なのは、身体的変調であり、不安はそれを接近的に認知する方向へ、抑うつ傾向は離脱的に認知する方向へと向かうことになる。出発点は身体的な変調にあった。

これまで述べてきたことは見方を変えれば、スピルバーガーの特性不安検査の項目には、身体的不安と認知的不安が混在していたということであった。そのことは特性不安検査の項目を眺めるだけでも明らかなことだが、ベックうつ病検査表との対比でより浮き彫りになったというわけである。

状態不安検査もまた二つの不安を一つとして測っている

次に、ＳＴＡＩ状態不安検査の質問項目の内容を取り上げる。先ほどこの検査の質問項目の内容に少し触れたが、もう少しくわしく検討していくことにしたい。実は特性不安項目と同様の問題があることが、スポーツ心理学の領域で多く指摘されている。有酸素運動は、不安やうつの解消に有効だといわれている。しかしその不安を測るためにＳＴＡＩ状態不安検査を使ってよく調べてみると、有酸素運動の種類、激しさ、持続時間などによって不安の変化がさまざまであることがわかってきた。そこで有酸素運動それ自体ではなく、状態不安の変化に注目してみると、運動中の状態不安が運動前あるいは運動後の状態不安とは異なっていることが明らかにされてきた。つまり運動中には、状態不安がおおまかに二つの不安にわかれるらしいというわけである。これが特性不安の検討で問題となった身体的不安と認知的不安ということになるわけだが、そこに至る過程を、エケカキスらの研究(5)を通して紹介することにしよう。

実験は二つあるが、実験への参加者が、フィットネスプログラムにレギュラーでボランティア参加していた学生（女子の学部生四五名）だった実験1の結果を中心に報告する。なお実験2の参加者はフィットネスプログラムの経験のないボランティア学生だったが、結果は後ほど必要な部分だけ述べることにしたい。実験1では状態不安の測定には八問の簡略版が用いられている。簡略版を使ったのは、エアロビックスの効果が薄れない時間の間に素早く状態不安を測るためであって、二〇問の通常版と同等の測定が可能であることはすでに実証済みである。このほかには快―不快の感じの測定、活性化の程度（低い活性化―高い活性化）などの測定が行われている。

運動は典型的な五〇分のエアロビックスクラスのもので、実験は次のように進行する。1　一〇分のウオームアップ、2　質問への記入と心拍数の測定、3　約二〇分のエアロビックス、4　質問への記入と心拍数の測定、5　一〇分のストレングスとコンディショニング、6　一〇分のクールダウン、7　質問への記入と心拍数の測定。

実験結果は次の通りだった。

・状態不安は運動前、そして運動中と比べると、運動後には減少していた→有酸素運動の効果の再確認。

・三回測定された状態不安の変化から八問の質問は三グループに分かれた。

グループ1：運動前よりも運動中では不安は低い。運動後でも不安は運動前よりも低い。対応する項目：「張りつめている」「気になる感じ」「心配だ」「困惑した感じ」。

グループ2：運動前よりも運動中では不安は高い。運動後では運動前の水準に不安は低下する。対応する項目：「落ち着いた感じ（-）」「リラックスした感じ（-）」ここで（-）は逆に採点される項目のこと。

グループ3：統計的な差ではないが不安運動前より運動中と運動後では不安が低下。対応する項目：「ぎょっとした感じ」「いらいらした感じ」。

・運動前では活性化は低いが、快適な感じだった。

・運動中では活性化は急激に高まり、快適な感じはより高まった。

・運動後では活性化はやや低下したが、快適な気分は継続していた。

エアロビックスの効果は二つの状態不安で異なっている

この研究は多くのことを示唆してくれている。エケカキスらは、グループ1が関係する状態不安の項目を不安に先行する認知的なもの、グループ2が関係する項目を知覚された活性化を評価するものと考えているが、ここではこれまで述べてきた、身体的不安と認知的不安に不安を分類するといった観点から話を進めていきたい。このような観点からは、グループ1の不安は認知的不安に、グループ2の不安は身体的不安に大まかに対応していると考えられることになり、状態不安質問紙は特性不安質問紙と同様に、二つの不安を区別することなく測っていたことになる。それでは不安はなぜこのように変化したのだろうか。

まず状態不安の得点については、最低八点、最高三二点に対し、運動前の平均が一四点、運動後の平均が一二点だったことからみて、その不安は低い範囲のなかでの変動だった。まずエアロビックスによって、なぜ身体的不安が増加したかについてだが、エアロビックスによって呼吸や心拍数が増えると、不安も高まったように感じてしまうのである。つまり不安の増加と関係していた状態不安の質問項目は、交感神経系活動と関係した身体的不安を示す項目だと考えられるので、運動による交感神経系の高まりは身体的不安の高まりであると評価されてしまうわけである。もう一方の認知的不安が低下したことについては、常識的な考えや経験からすると、「快適な気分で心配などはいる余地がない」こととして説明できるように思える。運動中では快適な気分が高まり、運動後にも継続していたという、質問紙による調査結果もこのような推測を支持している。

ここで実験2の結果を補足として述べると、この実験2では実験1の八問とは違って、一〇問の簡略版が使われていた。エアロビックス中、エアロビックス後の状態不安の変化をみると、実験1と同様に、グループ1：運動前よりも運動中では不安が低く、運動後も不安が運動前よりも低いグループ

表4　状態不安のなかの二種類の項目
上欄は身体的不安，下欄は認知的不安と関連していると推定される

運動中に得点が増大した項目
落ち着いた感じ（−）　リラックスした感じ（−）　くつろいだ感じ（−）　いらだっている　おだやかな感じ（−）　安定した感じ（−）

運動中と運動後で得点が減少した項目
張りつめている　気になる感じ　心配である　困惑した感じ　いらいらした感じ　あり得る不運を今心配している

注：（−）は逆転して採点される項目

と、グループ2：運動前よりも運動中では不安は高いが、運動後では運動前の水準に低下したグループの二グループに分かれたが、さらにグループ3として、目立った変化のみられないグループがあった。八問と一〇問の簡略版の状態不安質問紙を比べてみると、実験結果からの推定では、八問の簡略版を使った実験1では認知的不安と考えられる項目が多かったのに対して（四対二）、一〇項目の実験2では身体的不安と考えられる項目が多かった（二対五）。質問項目の内容を見ると、実験1と2とで矛盾する項目がみられたが、同じ簡略版であっても、身体的不安と認知的不安という観点から考えると、それぞれの構成比が違っていることに注意する必要があることになる。

表4には、二つの実験でグループ1（下段）とグループ2（上段）に分類された項目があげられているが、上段のグループ1の項目は主として身体的不安、そして下段のグループ1の項目は認知的不安を測っていたと考えることができるだろう。このようにして、スポーツ心理学の領域での研究からも、スピルバーガーのＳＴＡＩ状態不安検査は異なった内容の不安を測っていたことが明らかになったのであった。

二つの不安を新しく質問紙で測ろうという試み

以上述べてきたように、スピルバーガーらが作成し、現在世界でもっとも多く使われている特性不安と状態不安をはかる検査では、身体的不安と認知的不安の二種類の不安は区別されずに混在したまま測られていることが明らかになった。特別の問題意識なしに特性不安や状態不安を測ってみるといったような状況では、これらの検査を使うことには問題はないかもしれない。しかし一端これらの検査が学術的な目的で、しかも身体的不安と認知的不安を区別する必要のあるような事態では、質問項目を、その内容を検討した上で分けて分析していく必要があるということになる。

不安を特性不安と状態不安に分けるだけではなく、それぞれの質問紙のなかを身体的不安と認知的不安とに分けて測る必要がでてきたわけである。リーら[6]は二〇〇〇年に「認知的不安と身体的不安のための状態—特性調査票（略してSTICSA）」を発表している。

状態不安は「ちょうど今のあなたのムード」と題したもので、1「心臓がどきどきする」、2「筋肉が緊張している」、3「問題を抱えて苦しんでいる感じ」、4「他人は認めないと思う」、5「決心できない」、6「ふらふらする感じ」、10「頭のなかからふるい落とすことができない」、12「顔がほてった感じ」、17「関係のない考えがはいってくる」などの二一問に対して、「全然そうでない」「少し」「ある程度」「非常にそうである」の四段階で、「あなたがちょうど今どのように感じているか」を答えてもらうことで測られている。特性不安は「あなたの普段のムード状態」と題して、同じ二一問について、四段階の回答で「次の文章が概して、あなたにどれだけよく当てはまるか」答えるように求められている。その結果、状態不安と特性不安それぞれについて、身体的不安を測る質問一一問

（1、2、6、12など）と認知的不安を測る質問一〇問（3、4、10、17など）に分類できることが明らかになった。

二〇〇七年にグロスらは[7]、カナダの「不安治療研究センター」の外来患者五六七名に対して、このSTICSA調査票を実施してその有効性を再確認しようとした。その結果この調査票が不安症状を抱えた外来患者でも身体的不安と認知的不安に全く同様に分類できること、そしてスピルバーガーのSTAI特性・状態不安検査よりも、うつ病と不安の関係を分離する上で有効だということが明らかになったとしている。すでに指摘したように、スピルバーガーの不安質問紙は、うつ病と不安とを区別する上で問題のあること、そして特性不安と状態不安で質問内容が違っているなどの問題点が指摘されていた。今後STICSA調査票の有効性をさらに確認するような研究や、新たな研究が期待されている。

2　グレイの理論を質問紙で測る

グレイ・ウィルソン・パーソナリティ質問紙

次には第三章で紹介したグレイの不安理論を、質問紙を使って実証的に検証しようという試みを紹介したい[8]。それはウィルソン、バレットとグレイによって、グレイ・ウィルソン・パーソナリティ質問紙として一九八九年に始まった（図8の上欄）。この質問紙は、グレイの行動抑制システム、行動接近システムそして闘争・逃走システムの概念をもとにつくられていた。ただ質問紙を作る際には、他

図8　グレイ・ウィルソン・パーソナリティ質問紙（上図）とカーバーとホワイトのBIS/BAS尺度（下図）

の用語との整合性を保つために行動活性化システムとなっている。この質問紙は最終的には、行動活性化システムは能動的回避と接近の行動傾向の二尺度、行動抑制システムは受動的回避と消去の行動傾向の二尺度、そして闘争・逃走システムは闘争と逃走の二尺度の合計六尺度一二〇問となっていた（図8の上欄参照）。

しかし実際に調査を行い分析してみると、1　ストイシズム（一六項目）、2　有徳性（一〇項目）、3　用心深さ（九項目）、4　回復力（六項目）、5　感覚追求（九項目）、6　反応性（六項目）の合計五六項目からなる比較的独立した六つの因子群に分かれた。闘争・逃走システムと関係した項目が全体の約半分を占め

（「不動心」「有徳性」）、行動抑制システムの受動的回避の項目は三つの因子に散らばっていたが、消去の項目は「回復力」としてまとまっていた。まとまりがよく、説明がうまくついたのは行動活性化システムであって、「用心深さ」と「感覚追求」の二つに集中していた。これらの結果は、動物での実験パラダイムから予想されたものとは、部分的に似ているだけのものであって、動物の学習研究から導き出された脳システムを、人の水準での個人差の分析に適用する際の問題点を示唆するものとして、彼らはこの結果を受け止めている。

ロシアのスロボツカヤら[9]は、一二〇項目のグレイ・ウィルソン・パーソナリティ質問紙から、行動接近尺度と行動抑制尺度からなる短縮版二四項目を新たに作成し、他のパーソナリティテストとの関係を見たところ、外向性と行動抑制システムの間に弱い負の相関関係、そして神経症的傾向と行動抑制システムとの間に正の弱い相関関係を得ることができた。しかし彼女らの調査では、行動接近システムと、アイゼンクのパーソナリティテストとの間には何の関係も見られなかった。次に検討するカーバーとホワイトの尺度と比べるとグレイの理論をうまく反映していなかったようである。

BIS／BAS尺度とその日本語版

これに対して、グレイの説を承けたパーソナリティ尺度として、最もよく使われているのは、二〇問から成るカーバーとホワイトによるBIS／BAS尺度[10]（一九九四）である。（図8の下欄）。日本でも上出と大坊[11]（二〇〇五）、高橋ら[12]（二〇〇七）がそれぞれ別個に日本語版を作成している。この二つの研究では、翻訳にもさまざまな工夫をこらしているが、できあがったものをみると相当の違いがある。それはともかくも、上出と大坊の場合は日本語版の作成が目的であったが、高橋らの場合には日本語版の作成に加えて、双生児法を使ってグレイの尺度の遺伝学的検討を行っているので、高橋らの論文を中心に検討していきたい。

ＢＩＳ／ＢＡＳ尺度の日本語版は、四四六名の大学生と専門学校生に対する調査分析の結果、1　ＢＩＳ、2　ＢＡＳ駆動、3　ＢＡＳ報酬反応性、4　ＢＡＳ刺激探求の四尺度に分解されたが、この結果はカーバーとホワイトの原版とほぼ同一であった。なお上出と大坊では1を行動抑制システム、2を行動活性化システム欲求動因、3を行動活性化システム報酬反応、4を行動活性化システム新規性追求と呼んでいる。

・ＢＩＳは、「何かよくないことが起ころうとしていると考えると、私はたいていよく悩む」「誰かが私のことを怒っていると考えたり、知ったりすると、私はかなり心配になったり動揺したりする」「何か重要なことをあまりうまくできなかったと考えると不安になる」「非難されたり怒られたりすると、私はかなり傷つく」「私は、間違いを犯すことを心配している」「私は、友達と比べると不安の種はとても少ない」「たとえ何かよくないことが私の身に起ころうとしていても、怖くなったり神経質になったりすることはほとんどない」の七項目。

・ＢＡＳ駆動は、「欲しいものがあると、私はたいていそれを手に入れるために全力を挙げる」「私は、欲しいものを手に入れるためには格別に努力する」「欲しいものを手に入れるチャンスを見つけると、すぐに動き出す」「私は、何かを追い求めているときには徹底的にやる」の四項目。

・ＢＡＳ報酬反応性は、「何か好きなことをするチャンスをみつけると、私はすぐに興奮する」「競争に勝ったら、私は興奮するだろう」「私は、欲しいものを手に入れたとき、興奮し、活気づけられる」などの五項目
・ＢＡＳ刺激探求は、「楽しいかもしれないから、というだけの理由で何かをすることがよくある」「私はしばしば時のはずみで行動する」「面白そうだと思えば、私はいつも何か新しいものを試したいと考えている」「私は、興奮や新しい刺激を切望している」の四項目。

私はＢＩＳつまり行動抑制尺度の内容に注目した。これらの項目は認知的不安そのものではないとしても、認知的不安を測っていると考えられるものが多い。身体的不安と関係する項目はかろうじて「たとえ何かよくないことが私の身に起ころうとしていても、怖くなったり神経質になったりすることはほとんどない」の項目だけというように非常に少ない。すでに述べたことだが、グレイのいう不安とは、認知的不安と身体的不安の両方を含んだ概念であって両者の区別がされていなかった。したがってカーバーとホワイトの尺度は認知的不安の方に偏りすぎていて、グレイの理論の忠実な記述とはいえないことになる。

ここで高橋らの分析結果に戻ると、まずＢＩＳ／ＢＡＳ尺度については両者が独立した尺度であること、そしてＢＡＳとその三つの下位尺度の間には高い相関関係があり、三つの下位尺度間には中程度の相関のあることから、この尺度は一応満足すべき尺度構成だったといえることがわかった。神経症傾向および外向性との関係をみると、神経症傾向とＢＩＳの間に高い相関関係が、外向性とＢＩＳ

の間には負の、外向性とＢＡＳの間には正の中程度の相関関係があった。高橋らが使った神経症傾向と外向性尺度は、アイゼンクによる質問紙ではなかったが、アイゼンクのものと類似の内容であることを考えると、グレイの理論とアイゼンクの理論との関係をみる上での参考となる。

高橋らは研究2で、ＢＩＳ／ＢＡＳ尺度を双生児のペア（一卵性二二〇組、四四〇名、二卵性七三組、一四六名）に実施して、この尺度の遺伝的要因からの影響について行動遺伝学的な解析による検討を行っている。分析の結果、行動抑制システムと行動活性化システムは、お互いに独立な遺伝因子によって部分的な寄与を受けていることが明らかになった。つまりグレイのいう不安の神経心理学的モデルで検討の対象となった二つのシステムは、遺伝的要因という生物学的な基盤をもっているということである。

脳波にあらわれたＢＩＳ／ＢＡＳ尺度の特徴

このＢＩＳ／ＢＡＳ尺度のもととなった行動の抑制と接近というグレイの行動モデルが、接近―離脱モデルと類似していることから、この尺度を左右の大脳半球のはたらきと結びつけて解釈しようという試みは当然行われている。右半球の活性化が離脱的反応と、左半球の活性化が接近的反応と関連しているというモデルからは、ＢＩＳ尺度は右半球の活性化と、そしてＢＡＳ尺度は左半球の活性化と関係するだろうという仮説が当然でてくるわけである（第五章参照）。安静時の脳波の活性化の左右差（その原理については第七章に述べてある）と行動接近システムとの対応関係については、左前頭葉の活性化の程度と接近的行動の強さとが関係しているという、予想通りの結果が三つの研究[13]ででてきたが、行動抑制システムと右前頭葉活動への偏りの関係となると結論が一致しないという結果であった。これは行動抑制システムが離脱的反応だけでなく、接近的反応とも関係していると本書で何度も指摘したことからすると当然の結果といえるものである。

行動抑制システムはコンフリクトに立ち向かうシステムである、という発想から出発して問題を解決したのが、アモディオらの研究[14]である。彼らは、グレイの行動抑制システムが、行動を抑制させ脅威を回避させるシステムを反映しているのだという一般的な解釈のどこに問題があるのか、その検討から出発した。その結果、質問紙に基づく行動抑制システムは、コンフリクトのモニターと結びついた神経機構と関係するが、もう一方の行動接近システムは接近的動機づけの神経機構と関係しているという仮説を導き出し、この仮説を検証する実験を行っている。

彼らが行動抑制システムのコンフリクトモニター機構を測るために選んだのは、GO／NO—GO課題である。この課題は文字通りゴー（行け）ノーゴー（行くな）課題で、たとえば赤いランプが点灯したらゴム球を握り（ゴー）、黄色いランプが点灯したら何もしない（ノーゴー）という、行動を組織化し目的に適った行動を行うことが求められていることになる。GO／NO—GO課題をうまく遂行するためには、計画を立て、それに基づき適切な反応を組織化し、適切な判断をするといった、前頭葉のはたらきが必要となる。そこで彼らはこの課題を遂行中の神経機構を、事象関連電位と呼ばれる脳波の一種を使って検証しようとした。

脳波で記録される電気信号活動には、安静時の脳波のように脳が自発的に行っている活動と、身体の外部や内部からの刺激に誘発されて起きるような活動とがあり、後者は事象関連電位と呼ばれている。この研究では、ＧＯ／ＮＯ—ＧＯ課題と関連深いといわれているＮ２またはＮ二〇〇と呼ばれる、事象関連電位の変化後約二〇〇ミリ秒後に生じる陰性側への事象関連電位の変動が指標として選ばれた。その結果、ＢＩＳ尺度得点の高さと、ＧＯ／ＮＯ—ＧＯ課題でのノーゴー試行の際のＮ２の変動の大きさとの間に一定の関連のあることがわかった。つまり行動抑制システムはコンフリクトをモニターするシステムであり、ノーゴーの手がかりに敏感であるということになる。

アモディオらのＧＯ／ＮＯ—ＧＯ課題を用いた事象関連電位の結果は、行動抑制システムが前頭葉のはたらきと密接な関連をもっていることを示唆している。事象関連電位は、前頭葉の運動前頭領域から導出されたものだったからである。また安静時の脳波では、ＢＡＳ尺度は左前頭葉が右前頭葉よりも活性化されているという偏りがみられるという、先行の三つの研究と同様の結果が得られたのであった。このようにしてこのＢＩＳ／ＢＡＳ尺度は、様々な領域でその有効性が確認されてきているが、私が指摘したようなＢＩＳ尺度の問題点を考慮した研究はまだ行われていない。

第七章　不安を脳波で測る

1　感情を左右の大脳半球のはたらきと関連づける

脳波からなにがわかるのだろうか

この章では、脳のはたらきと感情、特に不安との関係について、脳波（正確には脳電図）を使った研究を紹介することにしたい。ここでいう脳波とは、脳の神経活動が示す電気的変化を、人の頭皮上から直接、脳波計を使って記録したものだが、最近よく脳研究で使われている機能的磁気共鳴画像法（ｆＭＲＩ）や、ポジトロン断層法（ＰＥＴ）、あるいは近赤外線分光法（ＮＩＲＳ）に比べると歴史はずっと古い。脳波は他の方法に比べると、脳のはたらきを全体的に電気的活動によって直接、覚醒水準の違いとしてあらわすという特徴を持っている。これから紹介する研究はすべて、脳波のこのような特徴に注目して、左右の大脳両半球の活動が相対的にどのような関係になっているかという観点から、不安と脳の関係を解明しようというものである。また脳波はＰＥＴやｆＭＲＩに比べると、自然な心理的状態にずっと近い形で測定することができるという利点をもっている。

一九五〇年代のはじめに脳波計が製品化されて以来、脳波を用いた研究は急速に拡大していったが、脳波の個体差についての研究は比較的新しい。個体差を見るための指標がはっきりしなかったからである。多くの研究者にとってまず浮かびやすい発想は、たとえばアルファ波は安静時に増えるが、活動時にはベータ波が増えることから、アルファ波の多い人とベータ波の多い人では、活動性といった点で性格が違うのではないか、といったたぐいのものであった。しかしことはそうたやすく運ぶものではない。

数多くの研究が積み重ねられていった結果、安静時に示されるその人固有の脳波のパタンというものは存在するが、それはある特定の周波数帯域の波の多少などではなく、左右の大脳半球の対称的な部位の脳波活動の違いとして示されるらしいということがわかってきた。対称的な位置にある電極からは、同じ周波数変動の特徴をもった脳波が観察されるのだが、その振幅が左右で違うというわけである。安静時にみられるその人特有の脳波のパタンとは、脳波の長期間の安定的特徴としてのその人特有の変動であったり(1)(2)、脳波の特徴は多少とも不安とうつ病へのリスクの遺伝と関係する(3)といったりするような性質のものであった。その人特有の変動と不安との関係をみた研究において、不安の指標として選ばれていたのは、ＳＴＡＩ特性不安検査が大部分だったが、多くの研究があるにもかかわらず一致した明確な結果はでていない(1)。このことは、先に指摘したこの検査のもっている問題点から考えると当然の結果ともいえるようである。

他方もっと劇的に脳波と不安との関係があらわれるのは、人が安静状態にいるときではなくて、不安をもたらすような事態に直面しているときである。人が安静状態にいるときには、脳波のなかの周波数が八～一三ヘルツの、アルファ波と呼ばれるリズミカルな振幅の大きな波が出ているが、このアルファ波は不安といったような脳が目覚めた状態では減少してくる。したがってある部位の一定期間のアルファ波の振動数と振幅からその力（パワー）をそれぞれの半球について測定し、両者を比べてみて、どちらの半球のはたらきが活発であったか、その程度はどれくらいかを明らかにすることができるというわけである。アルファ波は安静の程度の指標なので、アルファパワーの少ない半球の方が活発にはたらいていることになる。左右の半球のアルファパワーのはたらきに違いのあることを、脳波の非対称性、あるいは半球の活性化の非対称性、または半球の活性化の偏りということばを使って表現している。

ポジティブな感情は左半球と、ネガティブな感情は右半球と関連する

脳波を使った研究を紹介する前に、感情を左右の半球のはたらきの違いと関連づけて究明しようとする、脳波以外の指標を使った研究を簡単に紹介しておきたい。脳波を使った研究を理解する上で大いに役に立つからである。そのもっともよい例は歴史的にもっとも古い、脳に病変部位をもった脳損傷患者での観察によるものである。左半球に損傷を受けた場合と右半球に損傷を受けた場合とでは、感情の変化に違いがあることが古くから指摘されていて、左半球に損傷を受けると抑うつ的な徴候が表われ、右半球に損傷を受けると病的な笑いの徴候が出てくるのが一般的な特徴として知られていた。

またアミタールという薬物を頸動脈に注入することで、一時的に片側半球のはたらきを麻痺させる和田テストで左半球が麻痺されると、叫んだり、悲観的なことを述べたり、罪悪感、小言、将来への不安といった、破局的反応と呼ばれている反応がでてくる。もう一方の右半球が麻痺されると、気づかいがなくなったり、微笑、笑い、物まね、幸福感が出てきたりする、多幸的反応がでてくることが報告されていた。

片側の半球に損傷がある場合と、和田テストで片側半球のはたらきが麻痺された場合に、似たような反応が見られることから、やられていない半球のはたらきの特徴がでてきたものと考えられる。まとめてみると右半球からはネガティブな感情と結びついた反応が、左半球からはポジティブな感情と結びついた反応がでてきたことから、右半球はネガティブな感情と、左半球はポジティブな感情と関係した大脳半球であるというように、とらえられるようになってきたわけである。

脳損傷患者の観察や薬物の利用といった方法ではなく、脳が普通の状態にあるときの感情と左右の大脳半球の間の関係を検討しようという研究は、歴史は新しいが数多く行われてきていている。実験的に感情を操作する方法の発達と、脳機能イメージングと呼ばれる、活動中の脳内の各部の生理的な機能を様々な方法で測定し、それを画像化する技術の発達に伴ってこのことが可能になったのである。脳電図やｆＭＲＩがそこでの主な測定の手法として使われているが、どれだけ自然に近い状態で測定できるかといった観点から比較すると大きな違いがある。脳波の測定の場合には、検査対象者に与える精神的肉体的負担は比較的小さく、しかも左右の大脳半球のはたらきを大まかに部位別に比較する場合に適している。

感情を、実験室のなかで実験的に生起させる方法はいろいろと工夫されていて、映画やビデオ、あるいは音楽を、あるいは文章を読み聞かせて、研究で狙いとしている感情を引き起こさせる方法が主流となっている。また不安であれば現在の不安の状態や(状態不安)、いつもどのような不安の特徴を示しているか(特性不安)について、質問紙を使って聞いてみるという方法もある。これらは人の感情の状態と左右半球のはたらきの関係を見るものだが、たとえば顔への感情のあらわれ(表出)から他者の感情状態を推定させるという研究もある。この後者のものは、ダーウィンに始まる動物や人の表情に関する研究の流れをくむものだが、表情を読むということのなかには、たとえば顔の表情の線画を見て口が開いているから笑顔だと判断するような認知的な側面と、表情に共感的に反応して判断を行うといった側面のあることに注意する必要がある。

感情の変化は脳波にどうあらわれるだろうか

これから感情を実験的に操作して、それが安静中あるいは実験中の脳波にどのようにあらわれるかを検討した、ダビドソンらの研究を二つ簡単に紹介したい。[4] ダビドソンは第五章二節で紹介したように、ポジティブな感情が接近的反応と、ネガティブな感情が離脱的反応と関連しているとして、それぞれを左半球と右半球のはたらきと結びつけて考えようと精力的に活動している。

一九八九年のダビドソンとフォックスの一〇ヶ月の女の乳児一三名による研究は、安静時の脳波のパタンによって母子分離の際の乳児の反応を予測しようという試みである。安静時の脳波の特徴が、母親が六〇秒という短い間いなくなった時に泣いた乳児と泣かなかった乳児とではどう違うのかが検討されている。母親が部屋にいた安静時の脳波を、母親が部屋から出て行っていなくなったときに泣いた乳児と泣かなかった乳児とで比べてみると、泣いた乳児の方が泣かなかった乳児と比べて、より強い右前頭葉での活性化がみられたのだった。彼らはこの結果を、ストレスの高い状況に対する反応性の感受性と特定の感情に対する脆弱性の違いを示したものとして解釈している。彼らはそのことには言及していないのだが、その実験場面や乳児の年齢は、母子間の愛着関係の研究で有名な、エインズワースの新奇性場面《ストレンジシチュエーション》とよく似た構成である。したがって彼らは述べていないが、この研究で問題となる感情は主として不安であって、しかも泣いた理由は身体的不安からではなかったかと推察できる事態だったのである。フロイトが、小さい子どもの不安について述べていたことを思い出してほしい。

一九九〇年に発表された、ダビドソン、エクマン、フリーセンらの共同研究では、映画のフィルムをみているときの、成人女性が示す幸せと嫌悪の顔の表情と脳波との関係の検討が行われている。その結果、嫌悪の表情をしているときには幸せの表情のときに比べて、右半球の前頭葉と側頭葉前部の活性化が、また幸せの表情の折には嫌悪に比べて左半球の側頭葉前部の活性化がみられるというように、ポジティブとネガティブの感情では、関係する大脳半球が違っていることが明らかになったのだった。彼らはこの結果を、接近―離脱の図式と結びついた感情の違いと関連づけて議論しているが、第五章で述べたように、定位・探索―収斂・慣例化の図式で解釈可能な現象であった。

2　不安を作り、そして変える

ここではどのような不安を問題にするのだろうか

感情と左右の大脳半球のはたらきとの関係は、このようにして次第に明らかになってきた。左の大脳半球が右の大脳半球よりも相対的に活発であるときには、その状態は接近（収斂）と関係した感情と結びつき、また活性化の状態が逆の場合には離脱（定位）と関係した感情と結びつくといった図式がそこから導きだされている。同様に不安という感情についても、不安が、不安をもたらす対象に対する定位・探索活動と関係するような事態では、不安は右の前頭葉の活性化と関係しているという図式が描かれることになる。また不安を、事態を収斂・慣例化させることを通して問題を解決しようとするはたらきとしてとらえるならば、それは左半球の活性化と結びついてあらわれるはずである。

左右の大脳半球の活性化の非対称性は、それがこころのはたらきと結びつくことによって、さまざまなこころのあらわれ方を規定するような、脳のスタイルともいえるようなものである。マクネーレージらが想定したように、右半球は環境の予期しない刺激を検知し、緊急的な反作用的行動を行うはたらきと関係し、また左半球は習慣化された行動と関係するということ、あるいは私が想定したように、右半球は定位的活動と関係し、左半球は収斂的行動と関係するということ、これら二つの脳の基本的なはたらきがこころのはたらきと結びついて、具体的なあらわれ方をするわけである。その具体的なあらわれの一つが不安という感情であると考えられる。不安は左右の半球のはたらきと具体的にどのように関係するのだろうか。

この節では、社交不安障害といわれている不安障害のなかで、不安がどのように作られていくのか、そして不安の二つの特徴が、脳波の活動とどのように関係しているのか、二つの研究を通して眺めてみることにしよう。それは社交不安障害をもった人たち、あるいは障害をもたない大学生に、聴衆の前でスピーチをしてもらうと予告した際に生じる不安についての話である。社交不安は誰でも経験する事柄である。たとえば披露宴でのスピーチは多くの人たちが経験することだが、その際に感じる不安は人によって大きな違いがあるだろう。しかしスピーチの内容がよく知られている一定のパタンのある披露宴の場合と違って、聴衆の前であるテーマを与えられ、やむを得ず話をしなければならないような場面では、プレッシャーの与えられ方によっては、そこから生じる不安が全然違ってくることが予想される。実際、プレッシャーの内容が違うと、不安は違った性質のものとしてあらわれることが実験の結果明らかになったのであった。

具体的には、右前頭葉の活性化と関係するとするものが研究1であり、左右それぞれの前頭葉の活性化と関係づけているものが研究2である。両者とも脳波を利用していて、また実験の構成の仕方も似ている。両者の違いはプレッシャーの与え方にあるので、何が実験結果の違いをもたらしたのかを比較しやすい。PET（ポジトロン断層法）を使って脳の局所的な血流量の変化を比較するという研究もあったが、スキャナーのなかに横たわったままスピーチをするといった、制限された不自然な状況の下でのものであったので、その研究は取り上げなかった。なおこの二つの研究では、第六章でその問題点が指摘されたSTAI状態・特性不安検査が用いられている。しかし不安検査がこれらの研究の主な目的ではないので、その結果についてのコメントは行わないことにした。

研究1　社交不安障害での右前頭葉の活性化

はじめに紹介するのは、「恐怖症の人が待つあいだ」と題したダビドソンらの研究(5)である。社交不安障害の対象者に、公衆の前でスピーチをするように要請したときの脳波、心拍数、血圧の変化、そして不安と情緒の自己報告が分析されている。まず治療研究という目的での新聞広告に応じた対象者に対する電話インタビューから対象者を絞り、不安障害面接スケジュール改訂版による面接が行われた。面接は、構造化された面接についての二百時間以上の経験をもっている研究室メンバー一人、または二人によるものである。選ばれた対象者は、ＤＳＭ－Ⅳの社交不安障害の診断基準に合致し、しかも小集団の前で話をすることに特別恐れをもっていると面接で判定され、また実験に影響を与えると想定される薬物を一定期間服用していない男性八名、女性十二名だった。これらの不安障害群と対比される障害をもたない対照群は全員右利きで、男性五名、女性七名であった。

実験に先立ち、ポジティブ・ネガティブ情緒一覧表（ＰＡＮＡＳ）とスピルバーガーのＳＴＡＩ状態・特性不安検査のそれぞれの特性についての調査が行われた。その後脳波や心拍数測定のための電極をつけられ、ＰＡＮＡＳとＳＴＡＩそれぞれについて、今度は現在の状態についての質問を受けることになる。つまり不安に関していうと、電極の装着前の特性不安と装着後の状態不安を測ったわけである。

電極装着後、開眼時と閉眼時の脳波の基準値の測定、それから血圧の測定が行われた。開眼と閉眼の平均値をとったのは、本研究で問題にしているアルファ波の出方が、閉眼と開眼で違うからであって、これは安静時の脳波の測定の基準的な方法である。その後、次のような教示が与えられる。

これから、対人行動についての関心と知識のある、約二四名の大学院生や研究スタッフの前でスピーチをしてもらいます。その半数は一緒の部屋で、半数はマジックミラーの後に座っています。彼らはあなたのスピーチの力や弱さについての他、あなたのパーソナリティについての評定も行います。

スピーチを予期する際の不安を測る

このとき、スピーチのトピックはまだ知らされないこと、知らされた後でスピーチを始める前に、約一分間の余裕があることを告げられる。この一分間の予期期間の間に、不安が生じていると期待されているわけである。この間テープの声で、三〇秒ごとに、トピックが与えられるまでの残り時間を知らされるが、同時に生理的指標の記録が行われる。予期期間が終わると、ＰＡＮＡＳとＳＴＡＩによる現在の状態についての測定、および血圧の測定が行われる。その後、次のような教示が与えられる。

これからスピーチのトピックをお知らせしますが、スピーチを前もって考えるプランの時間が二分あります。

この二分の間、テープによるカウントダウンが再び行われ、この期間中にも生理的指標の測定が行われる。血圧は二分の期間の終了後に測定される。測定が終わると装着されていた電極がはずされ、聴衆が待っている小部屋に案内される。そこで六分間、最近ニュースで大きな話題となった政治的出来事についてのスピーチをしてもらった。評定者は白衣を着け、対象者を批判的に眺め、評定表にマークをつけるような格好をする。スピーチが終わると実験室にもどり、血圧その他の生理的指標の測定が二分間の安静期間中に行われる。その後もう一度、ＰＡＮＡＳとＳＴＡＩによる現在の状態についての測定がある。

実験の結果は次の通りであった。

・状態不安：基準値の段階ですでに、社交不安障害群は対照群に比べて、高い不安を示していた。予期期間中にはこの不安は非常に高まり、スピーチ後の不安は低下するが、まだ基準値の段階よりも高い。対照群では状態不安の変化は、全然みられなかった。

・ポジティブ・ネガティブの情緒：対照群ではすべての段階で低いネガティブ情緒と高いポジティブ情緒を示していて、段階による変動はなかった。社交不安障害群のネガティブ情緒では、基準値の段階ですでに対照群よりも高かったが、予期期間中にこの情緒は急激に高まり、スピーチ終了後にやや低下していた。ポジティブ情緒は、基準値段階ですでに対照群よりもやや低い程度だったが、予期期間そしてスピーチ後と、実験が進行するのと平行して減少していった。

・心拍数：社交不安障害群は対照群に比べて、すべての条件下で高かったが、両群とも、予期期間からプラン期間へと直線的に増加し、スピーチ後に低下するという傾向にあった。血圧の変化には特記するような事柄はなかった。

左右の半球にみられる脳波の活性化の変化

脳波を使ったこの種の研究の例にならって、アルファ波帯域のパワー値が脳の活性化の状態の指標となっている。具体的には、それぞれの期間中の脳の活性化の指標として、基準値とそれぞれの期間中に示されたパワー値の差を比較するという方法が使われた。

・予期期間中：対照群と比較すると、社交不安障害群の右前側頭葉と右外側前頭葉での脳の活性化が、左半球のそれぞれの領域よりも大きいという予測通りの結果を得ることができた。対照群は社交不安障害群と比べると、むしろ逆のパタンであった。

・プランの期間中：予期期間中と同様な脳波の変化がみられていた。これらの結果を受けて、ダビドソンらは、恐怖症者は前側頭および外前頭頭皮領域の右側の活性化が、顕著に増加したと結論づけている。

読者には、これだけの結果を示すためになぜ長々と、実験手続きを述べてきたのか、そのほとんどが無意味に思えるかも知れない。しかしこれは、ある結論を得るためには、どれだけの準備と手続きが必要なのかを知ってもらうためと、もう一つ別の理由があってのことである。それは次に述べる研究が、この五年後に発表されたものであって、この論文の引用があるところを見ると、実験手続きなどを参考にして行われた可能性のあることが大いに考えられ、この研究とはある部分は同じ、ある部分は違った結果を出した、次の研究と比較する上で重要だと思われたからである。

研究2　スピーチ前の心配事とスピーチの直前とでは脳波は変わる

次に、「心配事で悩むこころ」と題したホフマンらの研究[6]を紹介しよう。この研究ではダビドソンらの研究とは違って、スピーチを予期しているときだけでなく、スピーチで失敗することを悩むようにと教示された期間中のこころの変化を問題としている。

またこの研究では、社交不安障害をもつと最終的に診断された対象者と、障害をもたない対照群を比較したダビドソンらの研究とは違って、障害をもたない大学生を対象に実験的に社交不安を作り出して、そのなかでの変化を検討している。三八名の男性右利きの参加者に対して、公衆の前で話をする際の不安の水準を、「話し手としての確信度質問紙－PRCS」で測定していること、そして安静時からスピーチに至る間を細かく区切って、その間の変化を測定している点がダビドソンらの研究と違っている。一般的不安と抑うつ傾向を測るために、STAI特性・状態不安検査の特性に関する質問の部分と、ペン・ステイト心配事質問紙（PSWQ）、そしてベックうつ病調査票（BDI）が用いられている。ダビドソンらの研究と同様に、ポジティブ・ネガティブ情緒一覧表（PANAS）を使った情緒の測定も行われている。さらには、社交不安の高さが、社会交互作用不安尺度（SIAS）で測定されている。生理的指標としては、脳波の他に心拍数、皮膚伝導値、呼吸性不整脈が使われている。

実験は、目を閉じて一分間安静にしている「基準値段階」から、三〇秒の初期安静期間、五〇秒の聴取期間、三〇秒のくつろぎのイメージ法期間、そして三〇秒の回復期間から成り立っている「くつろぎ段階」へと進行するが、このなかのくつろぎのイメージ法期間がまず分析の対象となる。聴取期間に出される台本は次のようなものである。

あなたはカリブ諸島のビーチにいます。穏やかでリラックスした感じです。あなたは美しい日没を眺めています。波は遊ぶようにビーチをたたき、泡立ち、引いていきます。空気は大洋の水の匂いで満ちています。海の息吹はあなたの皮膚の上でサテンのような感じです。宇宙との一体感、何と完全な瞬間、あなたはこの感じを味わいます。どうぞこのシーンを十分に体験してください。

心配事を実験的に導入して不安を測る

これに続いて、認知的不安を測る目的で設定された、「心配事（worry）の導入」へと入ることになるが、そこでは参加者は、いくつかの黙想にふけるような自分についての話を聞くことになる。この話の台本は、「公衆の前でのスピーチの際の自己陳述のネガティブ尺度」から採用したものである。「心配事の段階」は、三〇秒の安静期間、五〇秒の聴取期間、目を閉じた三〇秒の心配事期間、三〇秒の回復期間があるが、この心配事期間だけが分析の対象となっている。五〇秒間の聴取期間に聞かされる台本は次の通りである。

あなたは大人数のクラスの前で、プレゼンテーションをしなければなりません。あなたは聴衆と向き合いながら、悲観的な考えに凹んでいる自分を感じています。あなたがいうことは多分、非常にくだらないと思われるでしょう。あなたが何とぎこちなくのろまだと皆が感じていることがわかるはずです。どちらにせよあなたは多分、大失敗するでしょう。この状況での失敗は、あなたの無能力の証拠のはずです。あなたはこのような失敗者のように感じています。どうぞこのシーンを十分に体験してください。

この心配事の導入は、左半球が関係すると考えられる「不安による気づかい」（つまり認知的不安のこと）を、教示によって対象者のこころのなかに引き起こそうという目的で行われたものである。

スピーチを予期する際の不安を測る

心配事の導入の次に、参加者は三分間の「予期期間」の後で一〇分間即席のスピーチをするようにと告げられる。

数分後にビデオカメラの前で、即席のスピーチをやってもらいます。スピーチはビデオに収められ、後でスタッフがあなたのスピーチの優劣の評定を行います。これから三つのトピックのリストを渡しますから、そのうちの一つか全部のトピックについてのスピーチをしてください。数分後にそのトピックと細かい教示を書いたものを渡しますから、目を閉じて待っていてください。

スピーチを待っているこの間が、「予期期間」であって、右前頭葉と関係すると考えられる身体的不安がこの間に生じているのではないかというわけである。分析の際には、この三分間は三分割され、それぞれの時間に生じた生理的変化が分析の対象となった。それぞれの段階が終わった後で、対象者の悩みの種の程度が、〇点から一〇〇点の尺度で評定するように求められる。

実験結果は次の通りであった。

・悩みの種評定：基準値段階とくつろぎ段階から心配事の段階へと移行すると、悩みの種の評定はそれまでの一〇点程度から四〇点弱程度までに急激に上昇し、予期段階で四五点、スピーチが終わった段階で五〇点とゆるいながらも上昇した。

・心拍数：基準値段階とくつろぎ段階の、一分間当たり七〇回以下から、心配の段階では七六回以上と増大する。続く予期期間のはじめの二つの期間では心拍数はややゆるやかになるが、スピーチ前の第三段階では心配段階の水準にまで速くなる。呼吸性不整脈と皮膚伝導値についても、心配段階での変化がみられるという結果であった。

左右の半球にみられる脳波の活性化の変化

ダビドソンらの研究と違って、実験的な操作を受けたグループと対照されるグループ（対照群）は設定されていないので、比較はもっぱら、実験群内部での実験条件の間の違いをみるという方法になっている。脳波は左右の前頭葉と頭頂葉で測定されていたが、基準値を含めてすべての段階で、左半球の活動が右半球の活動よりも活発だった。

・心配事の段階：くつろぎ段階に比べると、左前頭葉の活動がより活発になり、左半球優位の傾向が強まっていた。

・予期段階：心配事の段階でみられた左前頭葉優位の程度は急速に減少し、この傾向は予期段階のはじめの二つの期間で明瞭だった。

・「話し手としての確信度質問紙」と心配の段階での左前頭葉優位性の関係：不安をもっているという確信度が高まると、左前頭葉の活動の優性がより高まってくるという相関関係が認められた。

このようにして、認知的不安を測る目的であった心配事の段階と、身体的不安を測る目的であった予期の段階では、左右の前頭葉の関わり方が違うということが明らかになった。本研究ではダビドソンらが示したような、予期の段階での右半球の活性化が優位しているという形ではなく、前段階である心配事の段階での左半球の活性化が急激に弱まるといった形での右半球の活性化として示されたとはいえ、認知的不安と身体的不安とでは、左右の前頭葉の活性化のあり方の違いが明らかにされたと結論づけられる内容のものであった。

3　不安状態を変える

研究3　認知行動療法で社交不安障害者の脳は変わった

これまでに紹介した研究1は社交不安障害の対象者、研究2は障害をもたない大学生の対象者という違いはあるものの、公衆の前でスピーチをする際に生じる社交不安を取り上げたものだった。これから紹介するモスコビッチらの研究[7]は、社交不安障害の対象者が示していた前頭葉での脳波の活性化のパタンが、認知行動療法によって変化するという、「証拠に基づく心理療法」の実践例ともいえる興味深いものである。

対象者は男一二名、女一一名の右利きの外来患者で、DSM－Ⅳ－TRで社交不安障害と診断されていた。社交不安障害の集団認知行動療法一二セッションの前後に、前頭部、中心部、頭頂部からの脳波、社会恐怖症調査票、ベックうつ病調査票による測定が行われている。認知行動療法の結果、次のような変化がみられた。

・治療の前後の脳波の変化では、中心部や頭頂部での左半球への偏りには治療による変化はなかった。
・前頭部の平均的な偏りでは、治療前では右前頭部へ偏っていたのが治療後には、左前頭部への偏りへと大きく変化しているのが特徴的だった。
・調査票との関係では、治療前の脳波の活性度の左半球への偏りが強い人は、右半球への偏りが強い人に比べて治療後の社交恐怖症とうつ傾向は低かった。
・社会的不安とうつ傾向それぞれについて、その得点を治療前と後で比べてみると、治療前の前頭葉脳波の左半球への偏りの大きい人は、右半球への偏りの大きい人に比べてその差は大きく、主観的な社会的不安やうつ傾向の減少傾向が大きかった。
・治療後の脳波の非対称性と治療前、治療後の二つの調査票の間には、相関関係は一つも認められなかった。つまり治療が終わった後での脳波のパタンには、社交不安の特徴を示す痕跡が認められなかったということになる。

なぜ脳波の特徴が認知行動療法で変わったのだろうか

この研究の特徴は、認知行動療法による心理的介入という、認知行動の変容による治療という実践的な目的を研究のなかに持ち込んでいるところにあって、その前に示した二つの研究のように、実験が終われば実験的な操作の効果がなくなってしまうことを前提に行うものとは、研究の目的が基本的に異なっている。それらの二つの研究で、もしも不安を高めるような教示の効果が、実験の終わった後でも続くようなものであったとしたならば、その研究は倫理的に問題となったはずである。なお、これらの研究はすべて、大学の倫理委員会での許可の手続きを経て行われたものだった。ここで紹介した研究での脳波や調査票は、認知行動療法を中心としてみるならば、治療効果をみるためのいわば道具であった。

それからこの研究には、もう一つの大きな意味があるように私には思われた。それは治療前の脳波のパタンによって、行動療法の効果が違うということであった。確かに平均すれば治療前の脳波は右前頭部が活性化する方向に偏っていたが、左前頭部が活性化している人もあり、その程度も様々だった。しかし全体的にみると、左前頭部が相対的に活性化している程度が高いほど、治療効果が大きいという結果だった。

この結果を私は次のように解釈した。右前頭部が活発な社交不安障害者の不安は身体的不安が主であり、左前頭部が活発な社交不安障害者の不安は認知的不安が主であると考えられる。今ここで不安は一般的に、身体的不安から認知的不安へと移行していくと考え、特に社交不安障害では障害への介入はこの認知的不安に対して行われなければならないとする。したがって身体的不安が主な症状であると考えられる右前頭部が活発な人たちでは、認知行動療法の介入を有効に行うためには、まず身体的不安を認知的にとらえるという認知的不安の次元への転換が必要となる。左前頭部の活性化の程度が高いほどこの転換を終えた段階にある可能性が高いと考えると、認知行動療法による介入は容易であることになり、その結果として治療効果が大きくなるというわけである。これは一つの仮定であってこれから検証していくべき多くの課題があることはいうまでもない。

　またここで考えておかなければならないもう一つの問題がある。それは、認知行動療法の介入後に示された左前頭部への非対称性の偏りへの変化が常に、安静時の正常な脳波のパタンの特徴かといえばそうではないということである。安静時には、その人固有のどちらへの偏りもあるはずである。問題は社交不安の人たちでは、周りの人たちの動向を気にしすぎるというように、定位・探索活動が過敏であるために、その障害によってうまく左前頭部の活性化へと反転して収斂し、慣例化した行動として終息し得ないことからくる障害であるということである。認知行動療法の正しい介入によって社交不安障害が減少した結果を左前頭部の活性化は示しているのであって、右前頭葉が活性化した状態が常に身体不安を、左前頭葉が活性化した状態が常に認知的不安を示すということではなく、身体的不安は右前頭葉の活性化と、認知的不安は左前頭葉の活性化と結びついた現象の一つであるということである。それぞれの間の結びつきの特徴は、結果であって原因ではない。この違いについては、誤解のないようはっきり理解しておかなければならない。さもないと、左前頭葉の活性化に変化したのだから、認知的不安に変わったのではないかという誤った疑問が出てきてしまうのである。

研究4　有酸素運動で脳は変化し不安は下がった

次ぎはテーマをがらりと変えて、有酸素運動と不安の関係をみたスポーツ心理学的な研究を紹介しよう。これまでスポーツの世界や研究領域では、一過性の有酸素運動が不安の低下をもたらすことはよく知られていた。しかしなぜそのような効果があるかについては不明な点が多い。ペトルチェロとランダースは、[8]トレッドミル（ランニングマシーン）で走る前と後での、安静時の脳波の左右の活性化の偏りと不安の関係をみるなかで、有酸素運動の効果の意味を確かめようとした。不安を測るための道具としてはSTAI特性・状態不安検査の最新版の特性不安質問紙（二〇問）と状態不安質問紙短縮版（一〇問）が用いられている。状態不安が短縮版を使った理由は、有酸素運動の効果の薄れない短時間で測定するためである。対象者は有酸素運動を週最低二回と、系統的プログラムに参加している右利き男子のボランティア一九名であった。年齢、体重、最大酸素摂取量の記述は省略する。

実験は次のように進行した。1　各個人の最大酸素摂取量の測定、2　一〇問の状態不安の測定、3　脳波測定用装置の装着（前頭葉と前側頭葉）、4　状態不安の再測定、5　運動前の脳波測定（安定性測定のため一週間以内に再度測定）、6　トレッドミルでの有酸素運動（最大の有酸素能力の七五％）を三〇分、7　運動後五分、一〇分、二〇分、三〇分にそれぞれ状態不安の測定、8　脳波の再測定。

実験結果は次の通りであった。

・状態不安は運動前と比べて運動後には減少していた→有酸素運動の効果
・運動前の脳波の非対称性は運動後の状態不安の減少の三〇％を予測することができた。

表5　実験の手続きと主な結果

実験の進行過程	変化の特徴
1 最大酸素量測定	
2 状態不安（10問）測定	
3 脳波測定用装置の装着（前頭葉と前側頭葉）	
4 状態不安測定	
5 運動前の脳波測定（安定性を測るためで一週間以内に再度測定）	右前頭葉の活動が活性化
6 トレッドミルでの有酸素運動（最大の有酸素能力の75%）を30分	
7 状態不安と脳波の再測定	状態不安は運動前より減少
運動後 5分	
10分	
20分	左前頭葉の活動の活性化へと逆転
30分	脳波のこの状態がまだ持続

・運動前の脳波の非対称性と特性不安の間にはかなり高い相関関係があり、右半球の活性化への偏りと特性不安の高さとが関係していた。

・運動前では右前頭葉の活動への偏りがみられたが、運動後二〇分すると左前頭葉の活性化へと逆転し、測定が終わる三〇分後まで、この左前頭葉活性化という偏りは継続していた。

有酸素運動の効果を、脳波の非対称性の変化と関連づけたこの研究のなかでの状態不安の減少結果は次のように解釈できる。第六章で状態不安について検討した際に紹介した、エケカキスらのエアロビックスを使った研究から類推すると、有酸素運動後の状態不安の減少は身体的不安の減少によるものだと思われる。また運動によって脳波の非対称性が右への偏りから左寄りの偏りへと変化したことは、研究3の結果から推察すると、左半球への新たな変化によって不安が軽減されるような効果があったものと考えられる。

不安発生時の脳波研究から得られたもの

ここで改めてもう一度、不安が実験的に作られた研究、あるいは不安をもった人たちを対象にした研究から得られた結果について考えてみたい。まずいえることは、社交不安をもった人たちでは右前頭葉の活性化あるいは左前頭葉の活性化がみられるということである。繰り返し述べるが、このことはそれぞれの前頭葉の活性化がみられれば、それに対応した社交不安が生じてくるという因果関係を意味するものではない。

スピーチを予期することから生じる不安をみたダビドソンらの研究は、右前頭葉の活性化がみられたことから身体的不安が主に関係していたのだろう。有酸素運動前後の不安の変化をみたペトルチェロとランダースの研究は、それまで存在していた身体的不安が運動によって減少し、その結果が右前頭葉の活性化から左前頭葉の活性化への変化として示されたものと考えられる。他方スピーチについての心配事をあれこれ悩んだ折の不安、そしてその後でいざスピーチをする前での不安の変化をみたホフマンらの研究は二段構えであった。スピーチについての心配事は左前頭葉の活性化から認知的不安が関係し、その後の段階でのスピーチをする前の段階での不安は、左前頭葉の活性化の急激な減少から、身体的不安が関係していたことが推察されたのである。つまりこの研究では、認知的不安が解決しないままに局面が変わり、その結果として身体的不安が生じたことになる。

これとおもむきを異にするのが、モスコビッチらによる認知行動療法の研究である。著者たちはそのことには言及してはいないのだが、認知行動療法では身体的不安から認知的不安への移行がまずあり、続いて行われる認知的不安の解決が行われるという経過があることが、前頭葉での活性化の変化と主観的な症状の変化との関連から示唆されていると私は読み取ったわけである。それでは認知的不安の解決とはどのように行われるのだろうか。そこを解く鍵として、フリーマンとラッセルのいういわゆる象徴化の過程があるように思われる。身体的不安の原因が正しく認知され評価されるならば、つまり象徴化が正しく行われるならば、身体的不安から認知的不安への移行はスムーズに進行し、次いで認知的不安は低減する。しかし誤った象徴化（つまり認知行動療法でいう誤った認知）が行われたならば、認知的不安はそのまま止まってしまうのである。それらの過程は最終的には、序章の図1で私が示した、定位・探索活動と収斂・慣例化活動の間の反転の障害ということになってくるのではないだろうか。

第八章　不安はパーソナリティでありこころの変化の中継路である

この章での話の展開について

　これまでさまざまな角度から不安を眺めてきた。その一つは感情のなかに不安をどのように位置づけていくかという観点であり、これまで紹介してきた感情についての心理学的研究や、感情の進化論的考察はこのなかに含まれるものである。これに対してフロイトやグレイの不安論は、人の行動という大きな枠組みのなかで不安をとらえようとしたものだった。フロイトは、「自我は不安の本来の住みかである」という観点から不安をとらえようとしたが、それは大きな枠組みとしてのとらえ方であって、そのくわしい内容にまで深く追及したものとはいいがたい。もう一方のグレイはといえば、目標指向的行動の間のコンフリクトによって不安が発生するとして、その脳的基礎のはたらきを解明することを通して不安をとらえようとしたが、それは大脳辺縁系を中心とした不安のとらえ方であって、前頭葉と不安の関係についての考察に欠け、不安の全体像をとらえたとはいいがたいものであった。

しかしグレイの不安論はまた、パーソナリティ論としてもとらえることができるものであった。カーバーとホワイトによるＢＩＳ／ＢＡＳ尺度はその典型例である。グレイ自身もこの二つの尺度を図示して、アイゼンクのパーソナリティ尺度との関係を明らかにしていた（図９参照）。不安をパーソナリティという枠組みのなかでとらえようというグレイのこのような観点は、確かにこれまでになかった不安についての新たな展開である。この展開では、不安はパーソナリティの特性の一つとして考えられている。しかしそこでいう不安とは、身体的不安なのか認知的不安なのか、あるいは二つの不安の間の移りゆきや、不安が変化していく道筋を明らかにするものではない。前の章の最後に述べたように、不安が変化していく道筋が明らかにならなければ、不安と脳波の関係についての諸研究の間の関係をうまく説明することができないのであった。

後で検討するアプターらが考案した反転説は、不安から安静へと移行していく道筋を示してくれるものである。そこでは不安は、興奮状態が行き場を失って反転したものだとしてとらえられている。しかしここでもやはり、不安は一つの状態としてとらえられているだけである。私はグレイが自分のパーソナリティ説を展開していく際に利用した、アイゼンクのパーソナリティ説の枠組みの基本的な姿に立ち返ってみることにした。そこには二つの不安らしきものが、パーソナリティの特徴として示されていることに気づいたからである。さらにアイゼンクの図をうまく利用すると、アプターの反転説とよく似た形として不安の移りゆきが示されることが明らかになってきた。このような経過を経て、私の不安についてのモデル図ができあがったわけである。次に順を追って、私が自分のモデル図に至った過程を説明していくことにしたい。

1　グレイは不安をパーソナリティとしてもとらえていた

アイゼンクとグレイのパーソナリティ論

もうこれまで相当の程度、グレイのパーソナリティ理論について触れてきたが、彼は『不安の神経心理学』のなかでは、一つの章を不安のパーソナリティについての記述に当てている。グレイは共同研究者のピッケリングとカーとともに、自分たちのパーソナリティモデルを、アイゼンクのモデルと重ね合わせて示しているが、図9は両者の違いがわかりやすいように私が描き直したものである。アイゼンクは、パーソナリティを内向性―外向性、神経症的傾向―安定性という二次元でとらえようとした。図9の点線によって示された部分は、私たちが心理学の教科書などでよくみかけるもので、この二つのパーソナリティの軸は、日本でよく知られたモーズレイ性格検査などで測ることができるものである。

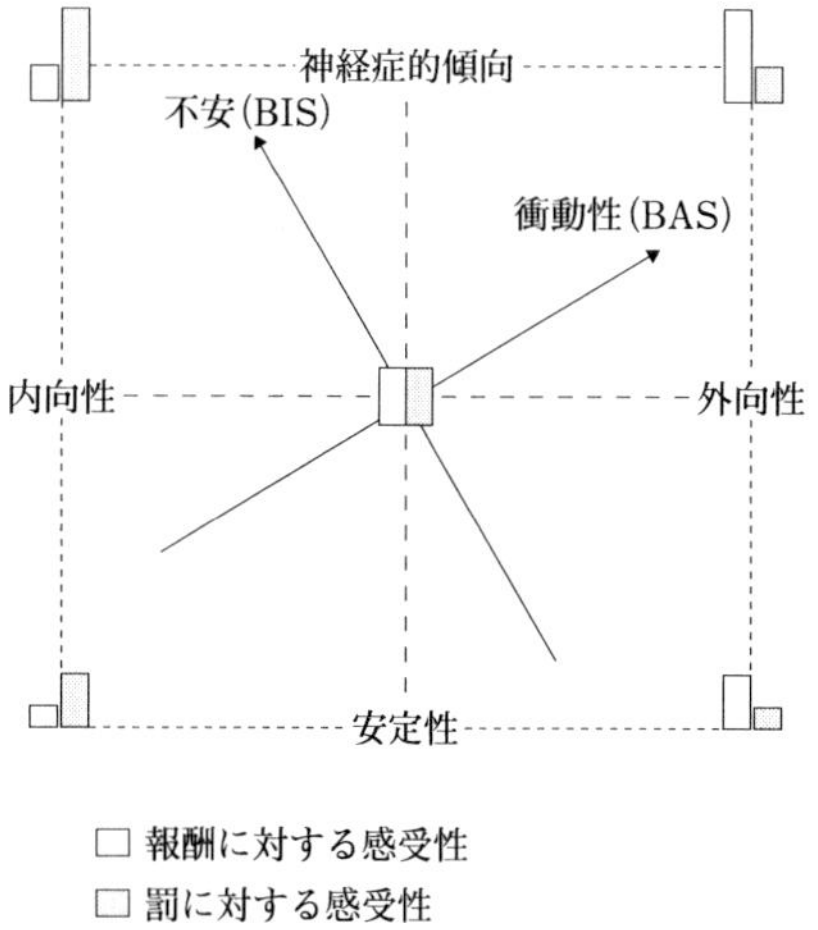

図9　アイゼンクのパーソナリティ理論（内向性―外向性と神経症的傾向の二つの軸）にグレイのパーソナリティ理論（不安と衝動性の二つの軸）を重ね合わせたもので，グレイとマクノートンの図の一部を改変してある

グレイはアイゼンクのパーソナリティ理論を自分なりに解釈し直し、新しい観点を導入した。それが、図9の四隅に描かれた白と灰色の棒グラフでもって示されている。まず、嫌悪刺激と欲求刺激という、相反する状況に対する反応のあらわれやすさの違いに着目し、その違いが目標を指向する行動の違いとなってあらわれてくると考えた。嫌悪刺激に対する反応があらわれやすいのは、灰色の棒グラフとして示される罰に対する感受性が高いからであり、欲求刺激に対する反応のあらわれやすさは、白の棒グラフとして示される賞に対する感受性の高さからくるものだとしたわけである。内向性の人は、罰としてはたらく社会的規範が重要だと考えているので、内向的パーソナリティは、罰に対する感受性が賞に対する感受性より高いことになる。これとは対照的に外向的な人は、社会的規範よりも自分の欲求の充足に重きを置くので、賞に対する感受性が高いということになる。

図の下の左右に、内向性と外向性の違いが、棒グラフの高さの違いとして示されている。図で神経症的—安定的とあるのは、感情の不安定性—安定性の軸であって、内向性と外向性の特徴の違いが、図の上の情緒不安定になるにしたがって大きく拡大されて示されていることがよくわかるだろう。つまり感情的に動揺が大きく不安定な状態とは、罰および賞に対する感受性がそれぞれ拡大されてあらわれる事態だということになる。

不安と衝動性のパーソナリティ論

それでは自分たちの考えるパーソナリティの軸はどのように描かれるのだろうか。グレイらは、パーソナリティの軸として不安と衝動性の二つを考え、不安の軸は神経質的傾向の軸に、そして衝動性の軸は外向性の軸に、それぞれ近接していると考えて話を進めている。図9では不安の軸は、神経症的傾向の軸に対して、三〇度傾斜しているように描かれているが、彼らはこのようにすれば、自分たちのいう不安次元は他の研究者のいう不安特性に近いものをあらわすようになると述べている。後で述べるように、私が自分自身のパーソナリティの模式図を作成する際にも、グレイらのこの考えについて私なりの方法で確認したところ、グレイはそのことには少しも触れていないが、実はアイゼンクの図をそのまま利用したことが判明した（三節の説明を参照のこと）。

図でBISを不安と、BASを衝動性と同等なものとして示されているのは、不安の次元が行動抑制システムを代表する指標であり、また衝動性の次元が行動接近システムを代表する指標であるという根拠に基づいている（表1の行動抑制システムと行動接近システムの欄にある、パーソナリティとの関連した事項を参照のこと）。第六章二節の「グレイの理論を質問紙で測る」でカーバーとホワイトによるBIS／BAS尺度の日本語版の紹介をしたが、そこでは神経症傾向とBISの間に高い相関関係があり、外向性とBISの間には負の、そして外向性とBASの間には正の中程度の相関関係が認められていたが、図9からすると当然の結果といえるものであった。

このようにしてグレイの三システム論は二システム論に縮小され、当初動物実験から得られた姿から不安の姿が大きく変容したとはいえ、グレイのパーソナリティ理論はカーバーとホワイトによる質問紙の作成を通して、心理学だけでなく、生物学、神経科学あるいは薬理学の領域で注目される存在となっていったのである。

2　反転説――反転によって不安になり、また安静になる

ところでこれまでは、人あるいは人以外の動物は、どのような場合に不安を感じ、どのように対処しようとしているかが議論の中心だった。つまり、不安の生起だけで話が終わってしまってもおかしくはなかったというわけである。しかしそれにも増して重要なのは、不安の後で人はどうするのかということである。もちろん人は不安を解消したいと思うだろう。それにはどういう方法があるのかを検討してみる必要があるのではないか。図4を例にとるならば、中隔海馬系が関係する不安が全般性不安障害へと至る道は、中隔海馬系のはたらきの障害と結びつけて考えられるわけだが、抗不安薬の助けを借りることなく、正常なこころの状態へと至る道は、どこにあるのかという問がでてくるわけである

こころの状態は反転によって変化し、健康状態が保たれる

こころには二つの相反する状態があり、この二つの状態が時と場合に応じて反転することを通して、こころは健康な状態を保つことができるのだということを、今から三〇年ほど前に、当時イギリスの大学にいたアプター、フォンタナ、そしてマーガトロイドという心理学者たちが提唱し注目を集めていた。[1] 私は当初よりアプターらの反転説に関心を持ち、これまで何度か紹介してきたが[2]、今回はその説のなかでの不安の扱いを中心に紹介することにしよう。アプターらの反転説はパーソナリティを特

性という時間軸で変化のない性質のものととらえるのではなく、時間軸で変化し合う状態としてとらえようという点にその特徴がある。

彼らはこころの二つの相反する状態として、図10に示されているような不安―安静状態、飽き―興奮状態を考えた。原語はテリック状態とパラテリック状態だが、わかりにくいので意訳して不安―安静状態と飽き―興奮状態ということにしてある。不安―安静状態では人はきまじめで、目標に向かって計画指向的に行動をする。そのために不安を避け、安静な状態を望むのである。計画指向的であるということは、周囲の状況はできるだけ単純化できた方が望ましく、また注意の範囲を絞るためには興奮水準は低い方が望ましいからである。もう一方の飽き―興奮状態に人がいるときには、自分を興奮させるからといった理由から、自分が自由に選んだ目標が選ばれる。今の喜びのためにという意味から現在志向的である。興奮させるような高い目覚めの状態を好んでいる。不安―安静状態と飽き―興奮状態というこの二つの状態は、反転によって相互に入れ替わる。上の図では太い矢印で示されたのが反転であって、安静から飽きへ、興奮から不安へと反転する。下の図では反転は①から②へ、③から④へと行われるように矢印で描かれている。

それでは反転はなぜ起きるのだろうか。下の図に示されているように、安静から飽きへの反転は飽和によって、興奮から不安への反転は脅威となる事態が生じたために起きるとされている。安静状態では覚醒（目覚め）水準は低く快適な気分だが、それが長く続くと飽きてきて不快な気持ちへと変化する。それを快適な気持ちへともっていくために、刺激作用を求め覚醒水準を高めるという飽き―興奮状態にはいり込むわけである。人はやがて興奮状態になる。しかしこの状態が長く続くとこの状態

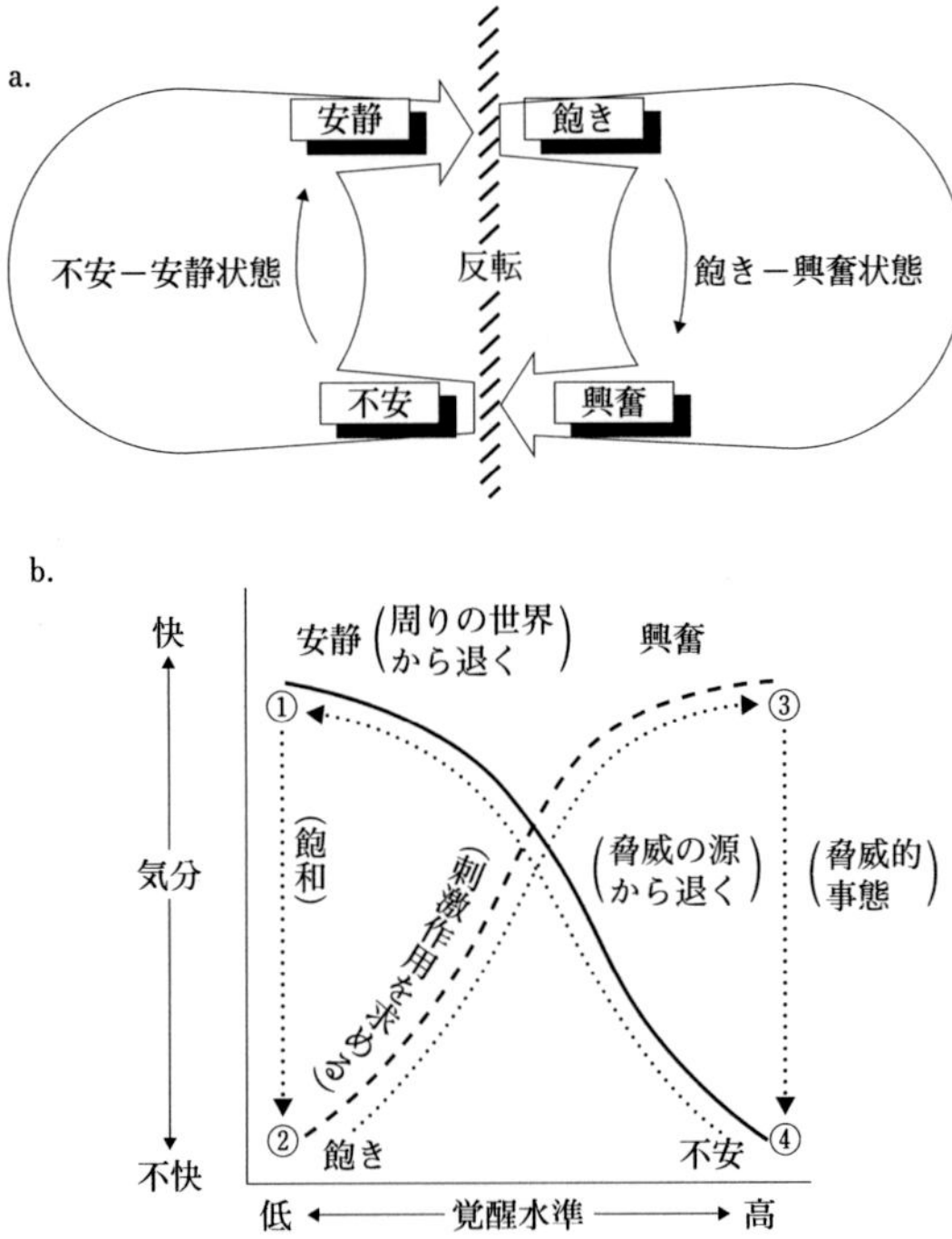

図 10　アプターらによる反転理論を示した図　上の a で示されている反転は，下の b では①から②への反転と，③から④への反転として示されている

それ自体が脅威となり、不安へと反転する。不安とは覚醒水準は高く不快な事態である。この状態から逃れるために人は脅威の源から退き安静状態への変化の道をたどることになる。このようにして人は、最初の、周りの世界から退いた、安静の世界に戻るというわけである。

アプターらの反転説の特徴は、この二つの状態が反転という仕組みによって反対の状態に移行できるとしたところである。グレイの考えにはこのような発想はみられない。グレイの考えた三つのシステムでは、それぞれのシステムにはそれに特徴的な目標があり、それぞれの目標に向かう行動によって特徴づけられているといった点からすると、すべて不安—安静状態的行動、あるいは不安—安静状態を問題にしていたことになる。たとえばネズミの前に突然ネコが現れたとしよう。このときネズミの取り得る防衛反応は、回避可能な場合には逃走し、不可能な場合にはフリーズし、両者の中間点にあったときにはやむなく闘争することになる。すべてがネコの脅威に対処するという目標指向的行動であった。つまり図10の上図の左半分ですべての行動は経過するというわけであった。ネズミには飽き—興奮状態のような、「自由に選んだ目標」といったものは存在しない。ネズミはネコから逃げるという、「未来志向」的な「課せられた目標」を達成するために行動する。その最終目標は「安静」という「低い目覚め」の状態である。ネズミには、「自由に選んだ目標」という飽き—興奮状態は存在しないことになる。

現実的にネズミには、飽き—興奮状態は存在しないのだろうか。アリーナで遊んでいるネズミの状態をグレイはどのように説明するのだろうか。この状態にいるネズミの行動は多分、行動接近システムが関係することになるだろうが、このシステムのはたらきとしてうまく説明ができるのだろうか。

このような点から考えると、アプターらの反転論は目標指向的行動論というグレイの考えを補ってくれるように思える。これらがここでアプターらの反転論を取り上げた主な理由である。

反転説を使ってグレイの不安実験を説明する

反転説を使ってグレイの不安説を説明したらどうなるだろうか。反転説によれば、興奮が高まりすぎて、たとえばストレスをもたらす脅威となってくると、反転というスイッチがはたらいて不安の状態に陥ることになる。ここでブランチャードとブランチャードの隠れ場にいたネズミが、突然ネコの匂いという、潜在的脅威に出会うという事態を想像してみよう。まずネズミが、遊び場であるアリーナにいた場合と隠れ場にいた場合とを、区別しなければならないだろう。アリーナで遊んでいたところに（飽き―興奮状態）ネコが突然現れると、ネズミは不安ではなく恐れ（恐怖）で隠れ場に走り込むだろう。隠れ場に逃げ込んで、見えないように隠れるという目的指向的行動をとる（不安―安静状態）。うまく隠れることができると、ネコは現前の現実的脅威ではなく、潜在的脅威へと変化する。ここで感情は、恐れから不安へと変化したと考えられる。

グレイの不安説の特徴は、図4に示したように、不安と恐れとをはっきり区別し、不安は行動抑制システム、恐れは闘争・逃走・フリーズシステムがそれぞれ関係していて、両者が交わることはないとして区別したところにある。グレイには、オートレイとジョンソン＝レアードがいうような、不安は恐れの長引いた状態であるという考えはなかったようである。しかし恐れが長引き、段々と恐れが弱まり、不安へと変化するという、例に示したような事態を考える必要があるのではないだろうか。

こちらの方が日常生活では、もっと一般的であるように思える。

ところで、隠れ場にいたときにネコがあらわれるという事態では様相は異なっている。恐れに対応する行動の部分はなく、不安の部分だけがあらわれてくるからである。隠れ場のネズミにとってはネコの匂いだけが存在し、それは潜在的な脅威としてはたらくだろう。ネズミは、ネコの匂いというストレスからの過剰な興奮を軽減するためにスイッチをはたらかせて、不安—安静の不安状態に移行する。そこで課せられた課題は、脅威の源の情報を走査し、これからとるべき行動を決定することである。表1の行動抑制システムの項目にあった、優勢なコンフリクトする行動の抑制、リスクへの接近、目標間コンフリクトの解決に役立つ記憶や環境の走査、これらはすべて不安状態で行われる行動である。これらの行動によって、ネズミが直面した課題が次第に解決されるにつれ、安静の状態へと至ることになる。

次に不安—安静状態から、飽き—興奮状態への反転はどうなるのだろうか。アプターらは不安—安静状態の安静が長すぎると、飽和によって飽きの状態へと反転が生じると考えていた。隠れ場にいたネズミは果たしてどうだったろうか。飽きの状態は、内外環境からの刺激を求めるようにとはたらくために、ネズミは隠れ場からアリーナへと出たのだろうか。空腹感やのどの渇きはどのようにはたらいたのだろうか。アプターらのいう興奮状態とは、アリーナでネズミが自由に遊んでいる時の興奮状態と、飢えや渇きを満たしている時の興奮状態の両方を指しているように思える。「刺激作用を求める」とは、そのような状況を指しているのだった。

3　坂野による二つの不安のあいだの反転論

これで、不安について考えていく上での、参考となる諸理論の紹介は終わりとし、これからはこれらを参考にして、私独自の不安についての考えを展開する。それは、パーソナリティの特性の一つとして不安を位置づけようとした、アイゼンクやグレイのモデル図を一つの枠組みとしながら、不安をパーソナリティの特性というよりはむしろ、状況によって変化するこころの一つの状態だととらえる、アプターらの反転説を参考にしたものである。このモデル図はまず、日常生活で普通に経過していく心の変化のなかに、不安がどのように組み込まれているかを明らかにしようというものであって、不安障害の仕組みを説明しようと試みたものではない。しかし後で検討するように、試みではあるが不安障害のある部分を説明できるように思える。反転ができるかできないかが、障害の発生を解き明かす鍵の一つであることは確かである。反転は不安に限らず、こころの動きがスムーズに進行していくための前提条件なのである。

アイゼンクのパーソナリティ図がその基礎になる

これからモデル図を作っていくための具体的な作業に移っていく。まずは、モデル図の中核となる図について簡単に紹介したい。それはアイゼンクが(3)、自分のパーソナリティ理論をもとに、アメリカのパーソナリティ心理学者のギルフォードやキャッテルの、そして自分自身の因子分析から抽出されたパーソナリティの特徴をそれぞれの場所に配置したものである。図11がそれであって、これからの説明にとって不要なものは省いてある。

　この図は日本でも見かけるものだが、対応する軸の意味が通るように原典に当たり、注意して翻訳を行った。図の基本的な枠組みは、横軸の内向性―外向性の次元と、縦軸の情緒の不安定性―安定性の次元の二次元である。対角線上を結んでみると、たとえば心配な―心配のない、落ち着かない―落ち着いた、興奮しやすい―抑制のきいた、衝動的な―考え深い、外向的な―非社交的などとなって、対となるパーソナリティの特徴をあらわしていることがわかるものとなっている。

定位・探索モードと収斂・慣例化モード間で反転する

　図11に示されているパーソナリティの特徴を示す形容詞群をくわしく調べてみると、グレイの行動接近システム（BAS）と行動抑制システム（BIS）の軸がそこにちゃんとあること、そして二種類の不安の存在がまた示されているということがわかってきた。それらをまとめ直して、アプターらの反転説を取り入れてみようとしたのが図12で、アプターの図を借りて表現し直してしてみたのが図13である。

　グレイは不安が行動抑制システムの特徴だと考えたが、私は隣り合っているパーソナリティ特徴の記述から、図で「心配な」と示されているのが認知的不安の特徴の一つであり、「落ち着かない」とあるのが身体的不安の特徴の一つだと考えた。身体的不安は身体的な緊張や生理的な過度の覚醒を特徴としているが、「神経過敏な」「攻撃的な」という、隣り合った特徴から、そのことがうかがえるの

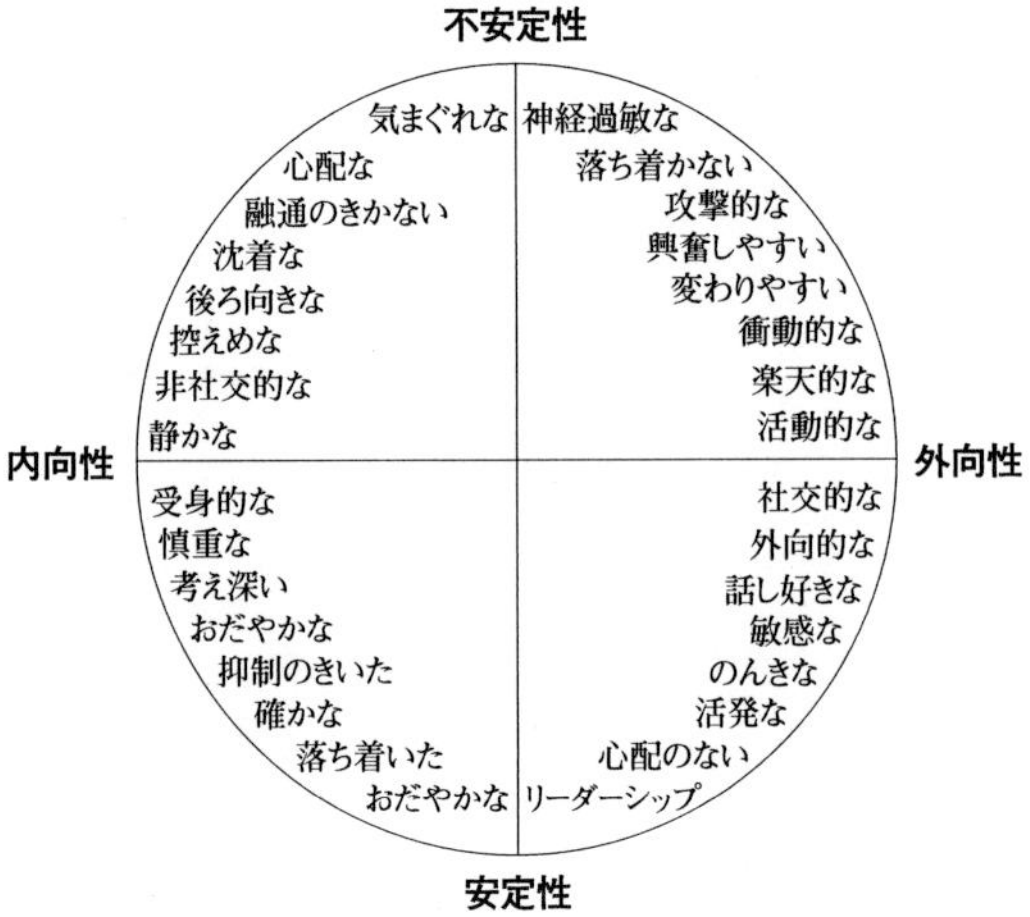

図 11　アイゼンクによるパーソナリティの二つの軸とその中間に位置するパーソナリティの特徴を示す形容詞群（文献 2 より引用した図を一部省略）

ではないだろうか。もう一方の認知的不安は、気苦労やことばによる反芻《すう》を特徴としているが、「気まぐれな」「融通のきかない」という表現がなぜ「心配な」という認知的不安の中心的概念と隣り合っているかについては、認知的不安というものが、このような相矛盾する特徴によって成り立っていて、そこから気苦労やことばの反芻が生じてくるものとしてとらえてみたのである。

　身体的不安は、不安をもたらす対象への定位・探索活動が、反転によって収斂・慣例化活動へと変化できないことから生じる、一時的なコンフリクトであり不安の身体化である。それは反転によって興奮の水準が下がり、不安がことばによって表現されることができるようになると認知的不安へと変化し、自分の身体的不安を、ことばを使って何とか収斂させようと努力を続ける。うまく収斂されると認知的不安は低下し収まる。しかし収斂できずにそのまま止まってしまうことから、認知的不安のまま止まってしまうのである。図12では定位・探索活動と収斂・慣例化活動は太い実線で、反転の過程は太い点線で示されている。

図12を図13のようにアプターの図式を借用するとわかりやすくなってきて、アプターらの反転説との関係もはっきりしてくる。アプターらによる図10と比べてみると、飽き—興奮状態が定位・探索モード、不安—安静状態が収斂・慣例化モードとなり、「安静」が「心配のない」、「飽き」が「落ち着いた」、「興奮」が「落ち着かない」というように、図13では多少とも違った表現となっている。なお図13では、これまで使ってきた定位・探索活動が定位・探索モード、収斂・慣例化活動が収斂・慣例化モードという表現になっているが、活動というよりはその状態、あるいは活動らしきものと考えた方がぴったりだからである。その理由についてはあとで述べることにしたい。

　アイゼンクとアプターらの考えの関係については、図12の太線で示されたアイゼンクによるパーソナリティの部分的な特徴には、アプターらによる状態の特徴と類似した部分があり、反転説がアイゼンクの枠組みによってもとらえられることを示唆している。次にアイゼンクの図11と私の図12の

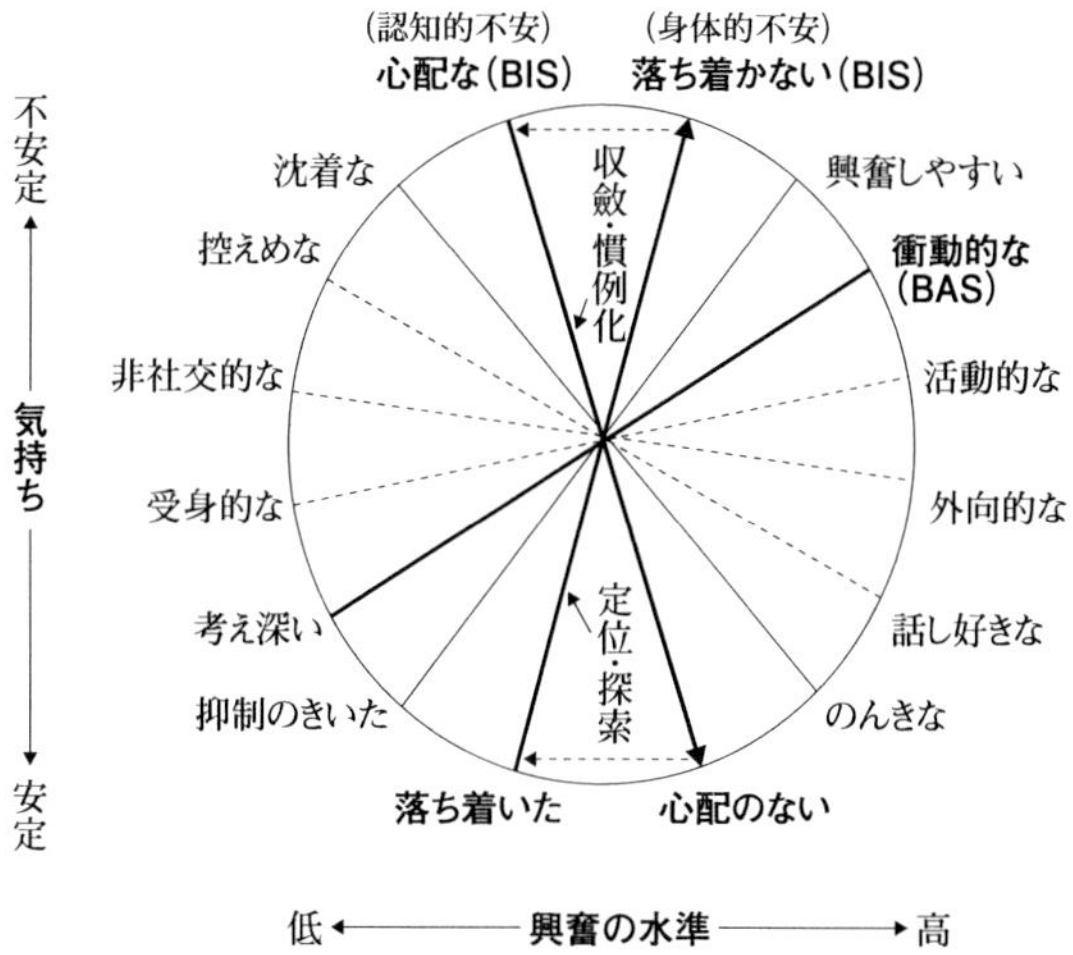

図12　図11をもとにして新たに作成された坂野による不安のモデル図
図9にあるグレイとマクノートンの図は，BIS，BASとして示されている

下の図の枠組みが違っている点に注目していただきたい。図11の横軸が内向性―外向性であったのが、図12の横軸が興奮の水準の高低となっている。この軸は、内向性と外向性のそれぞれが最適とする興奮の水準が違っていて、内向性では低い水準が、外向性では高い水準が好まれるというアイゼンクの知見を利用したものであって、この軸を使った方が反転の仕組みをうまく説明できるからである。縦軸は図11にならって気持ちの不安定性―安定性の軸としたが、グレイにならってコンフリクトの大―

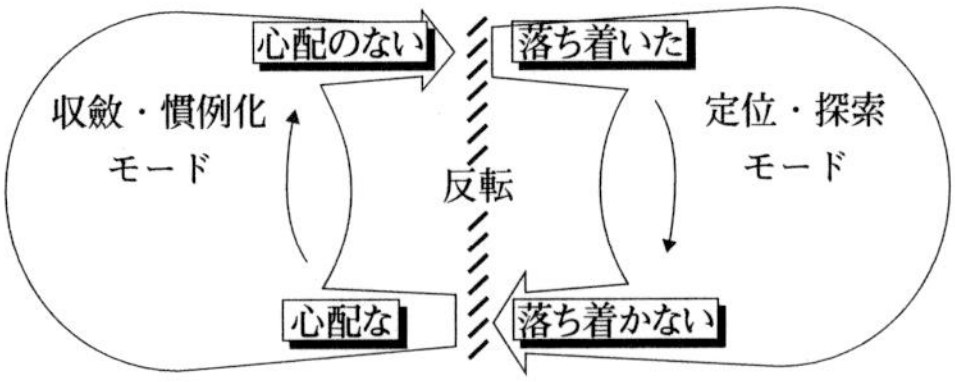

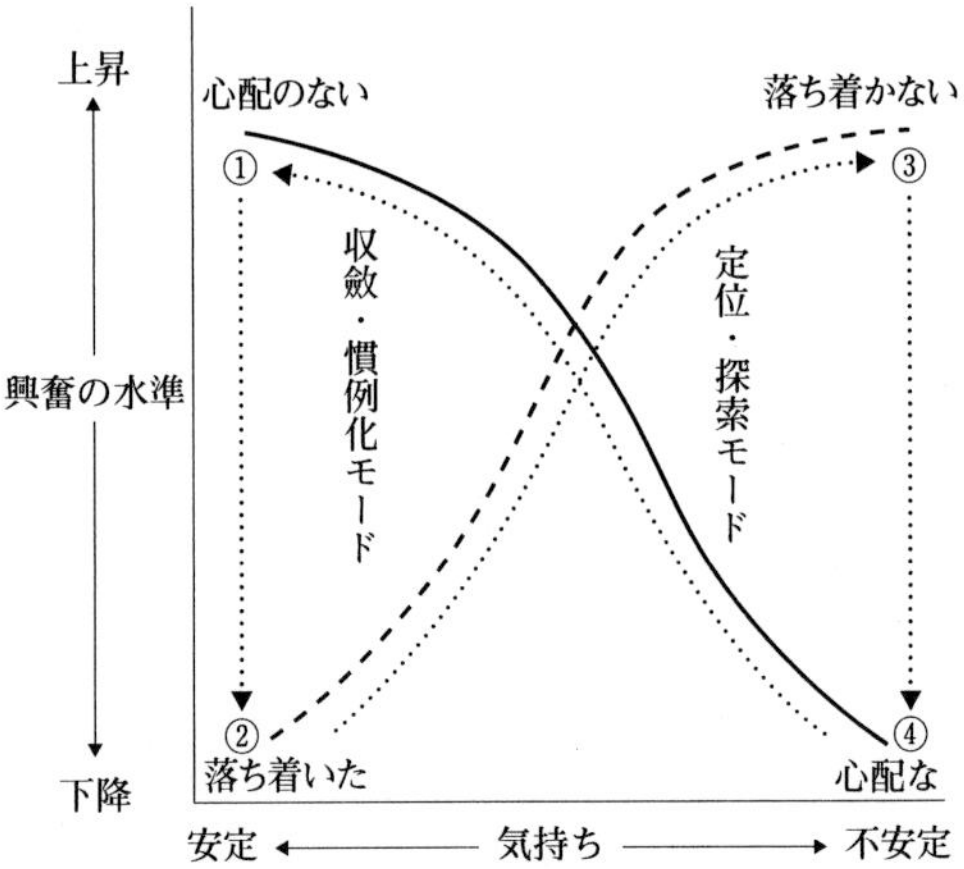

図13　図12をアプターらによる反転説を示した図10と同じような形で描き直したもので，両者の類似点と相違点をわかりやすく示すためのものでもある

小の軸と考えることもできる。言い換えれば図13の下の図の右部分が不安の高い方向であり、左部分が不安の低い方向だということになる。

図13の下の図は図12を裏返しにして九〇度右回転したものであって、アプターらによる図10の下の図に対応するようになっている。軸の名前で、図12で興奮の水準が高低となっていたのが、図13では図に合うように上昇と下降に変更されている。図からわかるように、定位・探索モードは興奮の水準を上昇させる方向に向かうが、同時にその結果として、気持ちは不安定なものへと変化する。私たちが何か新しいものを求めているときの気持ちを、よく言い表しているように思える。もう一方の収斂・慣例化モードはというと、興奮の水準を上昇させる方向は同じなのだが、その結果として気持ちは安定の方向に向かうのである。これもまた、ものをまとめるときの気持ちをよく表している。

モード間の反転のなかにみられるこころの動き

これからは図13を中心にして、こころの動きがどのように状況によって変化していくかを説明していくことにしよう。例としてさまざまな場面が考えられるが、とりあえず物事を考えているときのこころの動きについて検討してみたい。まず図13の下の図で、こころが①の「心配のない」状態にあるとして話を進めることにする。ここでいう心配のないとは、気苦労のない、のんきな状態を指している。この箇所にアプターらは「くつろぎ（relaxation）」の状態を当てていた。アプターらはこのくつろぎの状態から②の「退屈感（boredom）」に向かう反転は、「飽和」した結果としての「飽き」によると考えていた。私は心配のない状態とは、これまでの経験が収斂され慣例化された結果であると、まずとらえてみた。すべてが今まで通りというわけである。この心配のない状態は、興奮（刺激作用）の水準は高いところにセットされていて気持ちは安定している。

人が我が家の慣れ親しんだ状態のもとで、いつも通りのこころの状態を楽しんでいる時のこころの動きが、まさにそのようなものだと思われる。気分は高まり（興奮水準の上昇）満ち足りた気持ちである。しかしこの状態が続くのには限度というものがある。人は常になにか新しいものを求めて変化しようとする存在だからである。好奇心、感覚追求欲求などといわれているはたらきを可能にする仕組みがこれである。常になにかを考え、反芻するはたらきも基本的に同一のものである。収斂・慣例化モードから、落ち着いた、定位・探索モードの出発点への反転がそれらを可能にしている。

この反転は、生体に備えられた半ば生得的なスイッチ機構によって行われるものと考えられるが、意図的に行うことも可能である。気持ちを切り替えようとするのである。この「落ち着いた」状態への反転を、アプターらは飽き（退屈感）によるものと考えたが、私は動物、特に人に備わった刺激を求めるはたらきによるとしたわけである。落ち着いた状態とは、興奮の水準は下降し気持ちが安定した状態であり、そこから出発して、これまで収斂・慣例化したことがらから離れて、新たな定位・探索への道を歩み始めるということになる（②から③へと向かう過程）。

こころの動きは新しいものを求めて探索していく。そこでは新しいものと古いものとが混在した形で出てくる。これが落ち着かない気持ちとしてあらわれてくる（③）。混在がある高さに達すると整理する必要がでてきて、収斂・慣例化モードの入り口である心配な気持ちへと反転していくのである（④）。新しいものと古いものとを混在させておくわけにはいかない。何とかまとめなければならない。

それが心配な気持ちとしてあらわれてくるのである。それを言語的な反芻によってまとめようとする。うまくいけばそれらは既存の収斂・慣例化された体系のなかに組み込まれていき、①の心配のないこころの状態へと至り出発点にもどることになる。

このようにして私たちのこころの動きは、定位・探索と、収斂・慣例化という二つのモードを繰り返し、循環させながら進行していくことになる。落ち着かない気持ちや心配な気持ちは、このような進行過程のなかに存在する環の一つである。通常の場合はすぐさま他の環へと変化するので気づかないことが多いが、反転できずに止まってしまうとそれらは意識され、場合によってはこころの動きを妨げる存在となってくるのである。落ち着かない気持ちや心配な気持ちは、それ自体正常なこころの動きにとって不可欠な存在であったのが、反転が止まってしまったため、あたかもこころの動きにとって妨害的な存在だと思われてしまったのである。

脳とこころの反転モード

ここで改めて、左右の前頭葉の活性化モード、あるいは定位・探索モードや収斂・慣例化モードでいう「モード」ということばがなぜでてきたのか、そのことについて述べておきたい。第七章では、身体的不安が高まると前頭葉での活性化が右前頭葉寄りに偏り、認知的不安が高まると逆に左前頭葉の活性化へと偏るという活性化の特徴を明らかにした。身体的不安を測るためには第一章で述べたように、「気分と不安症状質問紙（ＭＡＳＱ）」がよく使われていて、息切れ、めまい、息詰まりなどの身体的感覚を伴っているものとされている。私はこれらの感覚の強い人が図12および図13に示されている「落ち着かない」というパーソナリティの特徴に対応すると考えて、落ち着かない状態は身体的不安をあらわしているものと考えたわけである。また認知的不安を測るためによく使われている「ペン・ステイト心配質問紙（PSWQ）」では、認知的不安はいろいろな事柄に心配するという特徴をもっているとされているところから、「心配な」状態が認知的不安を特徴とするパーソナリティであると考えたのであった。

したがって、このような推測が正しいかどうかは今後検証されていかなければならないので、「落ち着かない」状態や「心配な」状態と関連づけられた右と左の前頭葉の活性化の偏りとされるもの、あるいは定位・探索活動、収斂・慣例化活動とされるものの表現を変えて、それぞれ、活性化モード、定位・探索モードあるいは収斂・慣例化モードと呼び変えたわけである。モードとはスタイルといってもよいようなもので様式ともいわれ、類似したものをまとめてあらわすための表現であって、ぴったりのことばではないだろうか。それぞれを脳の反転モード、こころの反転モードと呼ぶことができるだろう。

不安は定位・探索モードと収斂・慣例化モードのあいだで反転する

このようにして図12や図13にはいくつかの問題点が含まれているが、この図を使って不安に重点を置き、その変化をどこまで説明できるのかを考えてみたい。まず、不安は身体的不安から認知的不安の方向に進行すると考える。これは行動が、定位・探索モードから収斂・慣例化モードへと進行していくという考えとも一致している。またこの方向は、大脳半球の活動は情報の種類を問わず、右半球から左半球へ移行しているという研究[4]とも一致している。このような考えにしたがって、図13を使って説明することにしよう。下図の②の「落ち着いた」状態から出発するとして話を進めたい。序章で紹介した、帰り道で迷ってしまった状況を仮定する。私は今、一体どこにいるのだろうかと、一生懸命に周りの景色や自分の記憶へと機械的に定位し検索するだろう。コンフリクトの状況である。気持ちは不安定になり興奮は高まっていき、③の「落ち着かない」状態へと移行する。ひどくなれば、「心臓がどきどきする」「筋肉が緊張している」「ふらふらする感じ」「顔がほてった感じ」がでてくるだろう。これらは第六章一節で紹介したリーらによる「認知的不安と身体的不安のための状態―特性調査票」の身体的不安を示す項目である。

探している道がなかなか見つからない。ますます焦ってくる。頭が真っ白になりなにも考えられない。社交不安の人たちが、スピーチを前にした状況も同じようだろう。こうなると②の落ち着かない状態から抜け出すことができずに、それが長引くと身体的不安障害の原因となってしまうだろう。③から④の「心配な」状態への反転ができないままに終わってしまう。しかし状況の直接的な受け止めから、状況を認知的に受け止めるという間接的な受け止め方ができるようになると、③から④への反転が起きるだろう。たとえば往き道でどこをどう曲がったか、どのような建物があったか、なにか目印になるものはなかったかなどと、検索の方向を収斂できるような方向へと転換するわけである。

しかしなかなか収斂できないと、そこから、「問題を抱えて苦しんでいる感じ」「決心できない」「頭のなかからふるい落とすことができない」「関係のない考えがはいってくる」といった認知的不安の状態になる。これらのばらばらな状況の認知が統一され、問題解決の道筋が見えてくるかどうかによって、④のままに止まるか、あるいはコンフリクト状況でのばらばらな認知は収斂し、慣例となった問題解決へと至るかと道は分かれてしまう。

第七章で紹介した、社交不安障害を実験的に導入したホフマンの研究例が示すように、聴衆の前でスピーチがうまくできない惨めな自分の姿を思い浮かべるように強要された大学生たちは、認知的不安の状態に陥った。認知的能力を発揮する道を閉ざされてしまったからである。道に迷っても、認知的能力がうまく発揮できるような状況に自分を置くことができたので、わたしは何とか目的地に帰ることができてほっとした①の心配のない状態に落ち着くことができたのだった。最終的には①から②への反転によって興奮状態は低下し、落ち着いた最初の状態に戻ることになる。

第九章　不安の力とは何だろうか

私たちのこころは時々刻々変化して動いている。ウイリアム・ジェームズのいう意識の流れがそれに当たるのだろう。このような意識の流れの背景となるもう一つの流れというものがある。それが感情の流れというものである。それは意識の流れに彩りを与え、意識の流れを持続させる役割をもっているものである。感情による支えがなければ、思考は止まってしまって流れることはできないだろう。私たちがぽかんと放心状態にあるとき、こころは止まってしまっている。そこには感情による支えがない。感情とはこころを動かすエネルギーのようなものである。それでは意識の流れを支える上で、感情のなかで不安はどのような役割をもっているのだろうか。不安は定位・探索モードと収斂・慣例化モードという、こころを動かしている二つのモードの間の切り替え、つまり反転を可能にしている。言い換えると、不安はエネルギーの向かう方向を定める役割を担っていて、そのことによってこころは反転を繰り返しながら新しいこころの状態へと変化できるのである（図13参照）。この反転に困難があると不安障害が生じてくる。身体的不安と関係した不安障害は定位・探索モードから収斂・慣例化モードへの反転の障害であり、認知的不安と関係した不安障害は収斂・慣例化モードそれ自体の障害であると考えられないだろうか。

1　社交不安は共感力やこころを読む力と関係する

第七章三節で社交不安といわれている現象を取り上げた。たとえばその章の研究1と3では、DSMで社交不安障害と診断された人たちが対象であり、研究2では障害をもたない人たちについてのものだったが、障害の有無とは関係なしに同じ原理で社交不安の特徴が説明できることを考えると、一つの連続した軸の上に、これらの三つの研究の対象者は位置づけできるということになる。それでは両者を区別する違いはどこにあるのかをみるために、診断基準を参考にしてみると、最新の診断マニュアルであるDSM－5では、仕事や学校、あるいはほかの日常的な活動といった社会環境のなかでの、通常のきまりきった仕事を妨げるような著しい苦痛や害を受けている場合に、社交不安障害と診断されるとある。言い換えると社会的場面で生じる恐れや不安が、実際の脅威につりあわない強さであり、典型的な場合には少なくとも六ヶ月かそれ以上、それらが継続すると社交不安障害ということになる。私はこれを、反転の困難さによって生じたものと考えられないかとしたわけである。

誰でも人の前では緊張するものである。また人前でスピーチをするとなると、多少なりと不安を覚えるものである。それがなぜ耐えられないほどの苦痛になってしまうのだろうか。坂野雄二(1)は「不安障害に対する認知行動療法」という特集論文のなかで、認知行動療法で不安を理解する際の基本的な仮説をあげている。それによると、「①不安は個体の生存のために必要な基本情動であり、本来適応的である。しかし、実際に危険がないときに感じる不安は不適応的である。②不安障害では「誤った警報」に対する過度の防御反応が学習されている。③不安症状には生理的、認知的、行動的コンポネントがあり、回避行動が生活を妨害している。④患者は、刺激に反応するのではなく、刺激の主観的解釈に反応している。⑤大脳辺縁系の活性化など、生理学的基盤を考える」となっている。

この論文ではさらに、④との関連で社交不安障害を説明するモデル図が出されている。このモデルのなかには、選択的注意から認知的判断を経て不安が発生する状況が示されている。「社交不安障害患者は人前で相手を見ていなかったり、ただ下を見るだけで相手を見ることなく話をしているかのように感じるが、実は相手のしぐさや表情の変化に非常に敏感で、相手をよく見ていることがわかる」のである。つまり④との関連とは何かといえば、「相手のしぐさや表情の変化に非常に敏感で、相手をよく見ている」が、それらを主観的に解釈して反応しているというわけである。主観的な解釈とは認知のゆがみであり、他者からの評価を否定的に見る傾向を指しているが、それは定位・探索モードから収斂・慣例化モードへ反転はしたものの、収斂・慣例化がうまくいかない状態として考えられるのではないかと私はとらえているわけである。その証拠として、第七章で研究3として紹介した、社交不安障害者に対する認知行動療法による治療の結果、脳波の非対称性の右半球寄りの偏りが消失したという結果をあげることができるのではないか。右前頭葉への活性化の偏りはしばしば、ネガティブな感情と結びつくことがある。それが事態をネガティブな方向へとゆがめて認知する原因となる。

反転によって収斂・慣例化モードへと切り替わりそれがうまく進行することによって、左前頭葉の活性化への偏りへと変化することになり、ポジティブな感情と結びつくことによって社交不安障害は改善されることになるのである。

不安をもつことそれ自体は決して悪いことではない。それは認知と感情の回路という環のなかの一つの構成部分である。それでは環のなかで不安の高低はどのように影響するのだろうか。先に述べたように、「社交不安障害患者は、実は相手のしぐさや表情の変化に非常に敏感で、相手をよく見ているのである」。つまり不安の高い人では低い人と違ったあらわれ方をするということになる。参考になる研究として、イスラエルのチビ・エルハナリとシャマイ・ソーリによる「社交不安における社会的認知——共感能力を示す初めての証拠」と題した研究[2]をあげておこう。この研究では表題通りに、社交不安の高い人は、他の人のこころを読む能力、つまりこころの理論のはたらきは高くまた共感能力が高いという結果であった。興味深いこの研究内容をある程度くわしく紹介して、不安の力とはどのようなものかを検討することにしてみたい。

社交不安が中程度の人は共感力やこころを読む力が強い

彼らはまず研究の対象者を、広告での募集に応じた一九歳から五三歳のボランティアとした。経験をつんだ臨床心理学者による面接を経た対象者に対して、リボビッツ社交不安尺度[3]（ＬＳＡＳ）の調査を行い、その得点によって対象者を四群にわけ、高得点寄りの四分の一を高社交不安群、そして低得点寄りの四分の一を低社交不安群として、その後の調査の対象者とした。調査は共感能力に関する質問紙と「こころの理論」を測るための実験課題とについて行われた。高不安群と低不安群でどう違うかを明らかにすることがこの研究の目的となる。

まず社交不安尺度については、「人前で電話をかける」、「人前でものを食べる」、「ミーティングで自分の意見を述べる」などのパフォーマンス状況と関係した項目、そして「あまりよく知らない人に電話をする」、「人々の注目を浴びる」、「あまりよく知らない人に意見が違うあるいは不賛成であるという」などの社会的交互作用状況と関係した合計二四項目の問いに対して、恐れか不安をどのように感じるかを四段階で、またその状況をどれだけしばしば回避するかを四段階で答えるようになっていて、総得点はゼロから一四四点までとなる。高社交不安群は四五点以上の対象者で平均が六一点、低社交不安群は二五点以下の対象者で平均が一四・六点なので、この尺度の基準からいうと高社交不安群の社交不安は中程度であり、低社交不安群の社交不安は境界域以下の低い水準であった。ちなみに、五五－六五が中程度の障害、六五－八〇が著しい障害、八〇－九五が重度の障害、九五以上が非常に重度の障害と診断されることになっている。

共感能力については、その感情的な側面は共感傾向質問紙（QMEE）、認知的感情的な両側面は対人反応性指標（IRI）の二つの質問紙が使われている。もう一方のこころの理論を測る方法は、図14にあるような登場人物の視線の方向や表情を読んで、問いに答えるという方法をコンピュータによって行うというものだった。このような方法を使ったのは、他の人のこころを読む能力には、視線が重要な役割を演じているという自閉症の研究で有名なバロン＝コーエンの考え[4]に依拠したものであった。課題は「人物AはXと思っている」「人物AはXが好きだ」といった一次の信念の認知課題と

図14　実験で使われた登場人物の視線の方向と表情の違いを示したもの。

感情課題、そして「人物Aは、『人物BはXと思っている』と思っている」「人物Aは、『人物Bが好きでないX』が好きだ」といった二次の信念の認知課題と感情課題とがある。

　実際には図14のような表情と視線の向きの違う顔の一つをコンピュータ画面の中央に、そして四隅にはたとえば四種類の動物（一次的信念課題）あるいは四種類の動物と顔を組み合わせたもの（二次の信念課題）を同時に提示して、たとえば「この人は……のことを考えている」という問いに対して、一つの動物を指して回答するという形のものである。図14の左上は「右のものを考えている」、右上は「正面をみて考えている」というような「認知課題」に使われる人物Aの顔の表情であり、左下は「左のものが好きでない」、右下は「左のものが好きだ」といったような「感情課題」に使われる顔の表情である。

　結果については私なりにまとめ直して述べることにする。まず共感能力については、共感能力質問紙と対人反応性指標双方で、高社交不安群は低社交不安群よりも高いという結果であった。そこで対人反応性指標の下位尺度である視点取得とファンタジーの二尺度がその認知的側面を、共感的関わりと個人的苦悩の二尺度がその感情的側面を測っているものとして分けて分析してみると、感情的な共感力で違いが見られ、高社交不安群では低社交不安群よりも感情的な共感力で高いという結果になっている。ここでいう共感的関わりとは、「私より幸せでない人たちに対して、思いやりのある、その人を案じる気持ちをもつことがしばしばある」、「私はかなり情にもろい人だと思う」、「降りかかる物事にしばしば、非常にこころを動かされる」のような、共感的配慮や関わりに関するものであり、個人的苦悩とは、「緊張した感情的な状況にいるとおびえる」、「緊急事態では理性を失いがちである」のような自分の個人的な悲しみや苦しみをあらわしている。

次に画面の顔の表情と視線の向きをみて、画面に書かれた文章から登場人物のこころの状態を推察するといったこころの理論課題では一次と二次の信念課題を合わせて分析しているが、信念課題全体の正確度では二つのグループの間には違いはみられなかった。二つの課題の間では、全体的には感情課題での反応の正確度の方が認知課題での正確度よりも高かったが、この傾向は社交不安の高い人たちの方が、低い人たちよりも顕著にあらわれていた。つまり共感力でもこころの理論でも、社交不安の高い人の方がより高い感情的な能力をあらわしたということになる。共感性が見通しの取得と関係深いという観点[5]に立つと、そこから不安も将来の見通しの認知であるという考えが出てくるだろう。このような意味からも、不安はこころの理論や共感性と関係していたのであった。

この論文の著者のチビ・エルハナリとシャマイ・ソーリは、今後対象者数を増やして調査すること、そして社交不安の障害を実際に抱えた臨床群を使って研究することの必要性を述べているが、それは理解できることとして、社交不安をもちながらも中程度であり、日常生活上支障のない程度の社交不安者を対象にしたことに、この研究の意義があると私は考えている。つまりこの程度の不安であれば、違った状態へと反転可能な状況にあると推察され、すでに何度も繰り返し述べたように、反転の可能性の有無が障害の存在の有無の決め手になるとするならば、ある程度の不安をもつことの積極的な意味をこの研究が示していると考えたからである。

共感性は右前頭葉への活性化の偏りと関係する

チビ・エルハナリとシャマイ・ソーリの研究で利用した対人反応指標で、社交不安の高い人たちは低い人たちよりも、共感的関わりと個人的苦悩の二尺度で高い共感性を示したことはすでに述べたが、これらと似たような尺度を使って、共感性と脳波の非対称性の関係をみた興味深い研究があったので次に紹介しよう。この研究では不安については測られていないが、共感性の測定内容が似ているところから、不安が共感性と関係するというその新たな側面を、脳波を通して推測することができると思ったからである。

タレット、ハーモン・ジョーンズとインツリット[6]は「右前頭葉の非対称性は共感的反応を予測する――離脱的動機づけと共感性の間の結びつき」と題した論文を二〇一二年に発表している。対象者は入門心理学コース受講の女子学生であり、安静時の脳波の測定後に、「アフリカの子どもたちのチャリティに関するグーグルの画像」から選んだ一〇枚の画像二セットをみて、1 共感的関わり、2 悲しみ、3 個人的苦悩、4 視点取得、5 ボランティア、の五つの観点について、賛否を五段階尺度で答えるという内容であった。関係ある観点の内容だけ説明すると、共感的関わりについては、感じる、同情する、人道的、暖かい、優しい、情にもろい、の六点、悲しみは、悲しい、元気ない、憂うつな、気が重い、の四点、個人的苦悩は、不安を感じる、深く悲しむ、悩む、気が動転する、動揺する、心配する、狼狽する、の七点の回答の分析から得られたものであった。

まずそれぞれの指標間の相関関係については、当然のことながら五つの観点の間には関連がみられている。安静時の前頭葉の脳波の活性化の右への偏りの高さとの関係については、画像をみて共感的関わり、悲しみ、個人的苦悩があるとする回答との間に関連があるという結果が出てきた。これら三種類の回答のかかわり方の違いをみるために、安静時の前頭葉の活性化の特徴を質問に対する回答によって説明するモデルを作ってみると、悲しみを媒介にした共感的関わりによって説明ができるという結果を得ることができた。つまり悲しみを通しての共感的関わりが多くなると、前頭葉の右半球への活性化への偏りは高くなるだろうと予測することができるということになる。ここでいう悲しみとは、チビ・エルハナリとシャマイ・ソーリの調査で用いた対人反応性指標の個人的苦悩と、また共感的関わりについては同じ名称の対人反応性指標とほぼ同じものだと考えると、前頭葉の右半球への活性化への偏りによって予測された共感性の高まりは、社交不安の高まりと関連していることが予測されることになる。

この論文の考えはどうかというと、副題からもわかるように、脳の活性化の右前頭葉への偏りを、離脱的動機づけと関連づけて議論しようとしている（第五章三節参照）。彼らによると離脱的動機づけは、罰や脅威から逃れることを保証してくれるものであって、神経症的傾向、ネガティブな情動性、そして行動抑制システムと結びついていて、嫌悪、恐れ、悲しみの感情としてあらわれてくるという。他方共感性は、相手と観察者の間の情緒の状態のオーバーラップがあって生じるという説にしたがって考えると、前頭葉活動で右への偏りを素質としてもっている人は、自分のもっている離脱的な傾向が相手の離脱と結びついた感情と一致するので、苦しんでいる相手に対して共感を示す傾向にあるということになる。それではネガティブな感情だけでなく、ポジティブな感情に対する共感性はいったいどうなるのか、やはり前頭葉の右への偏りとなるのか、それは今後の課題だと彼らは述べている。

このような彼らの議論の問題点は、この本で何度も指摘したように、左右の前頭葉への活性化の偏りの違いを、接近と離脱の二つの動機づけと関連づけようとする現在の研究の流れからきている。左右の半球のはたらきの違いは、認知的な観点からたとえば分析的対全体的な処理として、あるいは感情的な観点からはたとえば接近的対離脱的な処理として分類されていたが、両者を統合する処理方略が収斂・慣例化的処理と定位・探索的処理であるとして私が提起してきたのだった。この考えからすると右前頭葉が行う処理方略は、定位・探索的な性質の強いものであって、それはネガティブな意味合いをもつような、離脱的動機づけによるものとは限らず、ポジティブな意味合いの接近的な動機づけも含んだものであるはずである。行動抑制システムのはたらきは、離脱的動機づけだけでなく、接近的動機づけとも結びついていた。ブランチャードとブランチャードが示したように、隠れ場にいたネズミはじっとうずくまるという離脱的行動の後で、隠れ場からゆっくりと離れ、アリーナへと接近したのであった。

2　不安は自分を振り返る力である

ここで、第七章で紹介した研究1と研究2を思い出していただきたい。研究1は社交不安障害の対象者であり研究2は障害をもたない大学生だったが、いずれも社交不安が高まると右前頭葉の活性化が高まるという結果だった。ここで問題になっているタレット、ハーモン・ジョーンズとインツリットの研究では社交不安は取り上げられてはいないが、チビ・エルハナリとシャマイ・ソーリの研究との関連から類推したように、社交不安の高さと右前頭葉の活性化が関係していたものと考えられる。そうすると社交不安では障害の有無とは関係なく右前頭葉の活性化が強く、共感性や人のこころを読む力は高いということになるが、一般的な傾向として、社交不安障害者はむしろ共感性やこころを読む力が欠如しているという議論が多く見受けられている。これは誤った見方であって、社交不安障害者は共感性やこころを読む力が敏感であり社会的場面で特に強くはたらくので、過剰なはたらきによる生体へのダメージを防ぐための防御反応によって抑制され、あたかもこれらの能力が欠如しているかのようにみえるというのが真相ではないだろうか。身体的不安がここで防御反応として登場してくるというわけである。

グレイ流にいえば不安の発生は、共感性やこころを読む能力の過度な強さからくるコンフリクトを解決するためのものであり、フロイト流にいえば「不安は、快—不快の審判に影響を与えるという目的のために、自我が意図した信号」ということになる。あるいは進化心理学でよく用いられている解釈を使うと、脅威の源が弱いにもかかわらず、不安の発生によってそれを過大に評価することによって行動を起こし、行動を起こさなかったことからくる損失を免れようとする適応的な過程だということになる。この本のはじめに例として出した、道を横切るときの不安の役割を思い起こしていただきたい。不安が発生しなくても多くの場合うまく渡れるだろう。しかし不注意によって生じる事故に比べるならば、左右を注意し、さらに用心を重ねるという努力に要するコストは安いものである。

社会的交互作用場面での不安の役割

それでは社会的交互作用場面での不安の出現は、どのような適応的な意味があるのだろうか。通常の交互作用場面では、不安は人を緊張させ、交互作用時に相手の動作だけでなく、自分自身の動作にも注意を払わせるという重要な役割を演じている。自分自身の動作によって相手の動作がどのように変化したかを知ることは、社会的交互作用に促進的効果を与えるというプラスの利益をもたらすだろう。相手のこころを読むというはたらき（いわゆるこころの理論）は、自分のこころを読むというはたらきが成立して初めて可能となるものである。自分がわからなくて相手がわかるはずがない。このような意味で、社交不安が発生する社会的交互作用場面では、自己に注意の焦点を向けるはたらきや、自己認識（セルフ・アウェアネス）のはたらきが重要になってくる。

社交不安をもつ人たちは、自分が行う動作が相手にどのような印象を与えるかについての過度の関心をもっていて、他者から自分がポジティブに評価されることを非常に重要視している。その結果としてわけもわからずに相手のこころの状態を探ろうとして、セルフ・アウェアネスを高めたり社会的な信号に対して過度の注意を払ったりするのである。この本のはじめに、不安のあらわれの例として、習慣的に人が朝に行う身だしなみについて述べたが、これもセルフ・アウェアネスの例として考えられる事柄である。このようなわけで、不安とセルフ・アウェアネスとの密接な関係が浮かび上がってきたのであった。また先に紹介したチビ・エルハナリとシャマイ・ソーリの研究は、社交不安と自己注視やセルフ・アウェアネスとの密接な関係についての諸研究を出発点として行われたものだった。

自分に気づくということと不安

アメリカの心理学者キーナンらは、鏡に映った自分の顔に気づくことをセルフ・アウェアネスと名付けて、セルフ・アウェアネスとこころの理論との関係について、精力的な研究を行っている（『うぬぼれる脳』[7]などを参照のこと）。こころの理論の成立にとって、鏡に映った顔が自分の顔だと気づくことが重要なのは、チンパンジーや幼児での研究で明らかにされている。キーナンらは機能的磁気共鳴画像法（ｆＭＲＩ）を使って自分の顔と他者の顔を見たときの変化についてさまざまな条件で検討しているが、自分の顔を見ることによって高まったセルフ・アウェアネスは、一貫して右前頭葉の活性化をもたらすものだった。あるいは顔に、「私は考える」とか「私は信じる」といったような自分についてのことばを伴わせたり、自分と有名人の顔を比べさせたりしたが、自分の顔に対する反応はどのような条件でも同じだった。彼らは「セルフ・アウェアネスは、自分自身の考えあるいは心的状況に気づくことである。それは自分自身の認識を振り返る能力をもつことを含んでいる」という点で、こころの理論と密接に関係しているものと考えている。しかしこれに対して、キーナンらのいうセルフ・アウェアネスとは、自己の主体的側面をみているものであって、自己を対象として眺めるといった観点からのものではないという批判がある。

この本ではこころの理論についてのくわしい議論は行わないが、要するにこころの理論つまり他者のこころを読むということと、自分のこころを読むということがどのように関係しているかという問題がからんでいたわけである。しかしこれは私が別の場所でくわしく検討したことだが[8]、このキーナンらの一連の研究は、自己の対象化があって可能となるこころの理論課題（他者のこころを読む）と、主体としての自己がかかわる、自己のこころを読む課題の両方を含んだものとして理解できるものであった。自分の顔の写真を見て自分の顔だとわかるためには、写真を対象として眺めた結果得られた映像と、自分のなかに蓄えられている自分の顔イメージとを比較して、類似点がある一定以上多くある必要があるだろう。顔写真は外部にさらされた視覚的対象物だという意味で、社会的交互作用場面でのその人の客観的映像のようなものである。自分の顔写真をみて、あまり自分らしく映っていないなと感じたならば、それは自分のもっている自分の顔イメージとのギャップによるもので、この顔イメージとは、社会的交互作用場面で自分がみせたいと願っている自分の姿に近いと考えてよいだろう。

なぜ自分の顔写真が気になるのだろうか

不安は近い将来、あるいはどこか別の場面で、脅威が生じるかも知れないという見通しによって発生する。社交不安の場合には、自分に対する他者の評価が脅威となるだろう。他者の評価とは先の例でいえば自分の顔写真である。しかし実際にはこの顔写真をみることはできないので、社交不安では相手に自分がどのように映っているか、つまり言い換えると相手に映った自分の顔が気になるわけである。このように考えると、チビ・エルハナリとシャマイ・ソーリが社交不安でなぜセルフ・アウェアネスを問題にしたかが理解できるのではないだろうか。またこのようにして、社交不安と自分の顔の認知についての研究は、右前頭葉の活性化という共通点をもっていることが理解できるようになるのである。

チビ・エルハナリとシャマイ・ソーリが問題にした社交不安の対象者は、〇—一四四点という得点分布をする尺度のなかで平均六一点と、半分以下の人たちだった。つまり質問項目の半分以下で、恐れや不安を非常に強く感じたり、そのような事態を避けたりすると答えた程度の不安の持ち主は、社会生活に少し支障があるかも知れないが、それは高い共感性や人のこころを読むはたらきの高さからくるものだということだった。このことと関連する研究として、自己意識を他者から見られる自己を意識する傾向としての公的自己意識と、自己の内面的な個人的側面に注意を向ける傾向としての私的自己意識にわけて考えようという比較的古い考えがある。公的自己意識の高い人は公的場面で不安が高くなるという傾向のあることは、以前から指摘されていたことである。

別の例を出してみよう。エレベーターで混み合っている時は、人がすぐそばにいても何とも思わないものである。しかし数人しかいないエレベーターのなかで、誰かが近寄ってきたら不安に思うものである。他の人が近寄ってきた場合、自分の領域が侵されたと思ったり、気詰まりになったりするものだが、そのように感じる自分の領域のことをパーソナルスペース（個人空間）と呼んでいる。不安は脅威に対する反応だと述べたが、もしそうであるならば、エレベーターで人がいっぱいいる場合の方が不安を感じやすいはずだが、そうならないのは、込んでいる場合には人が均一にみえて、いわば脱個性化しているためである。少人数の場合には相手の個人的特徴が目立ってくるため、大きな人が、あるいは変わった服装の人が近寄ってくるとぎょっとするものである。パーソナルスペースの実験で、変わった格好をして町を急いで歩き回ると、それをみて周囲の人たちは素早く避ける傾向にあることがわかっている。また当然のことながら、不安の高い人のパーソナルスペースは広い。人が遠くにいても不安を感じるのである。

なぜテスト不安は起きるのだろうか

このように不安は、脅威の源となる対象に対する漠然とした反応ではなく、対象をある程度くわしく走査することによって、不安の程度や内容を決めていくといった弁別的反応である。前の章で、聴衆の前でスピーチをするように求め、だめな自分を感じるようにと教示を与えて心配事を導入した後に、一定期間おいてスピーチをさせるといった実験例を紹介したが、そこでは同じ不安でも心配事と待つ不安とでは違ってあらわれるのだった。この類の研究では残念なことには、不安によってスピーチの内容がどのように変容したかについての調査は行われていない。それでは知的な作業では不安はどのようにあらわれてくるのだろうか。やはり不安を二つにわけて考えなければならないだろう。

テストの前で問題用紙が配られる前に起きる不安は待つ不安、つまり身体的不安だろう。心臓はどきどきして、手のひらは汗ばんでくるだろう。しかしこの種の不安は適度のものであれば、テストの際に有効にはたらくものと考えることができる。その証拠は後で述べることにするが、しかし待つ不安が限度を超えて高くなると何とか処理しなければならなくなる。そこで心配事、つまり認知的不安へと切り替わることになる。ただ単に緊張が高まり、喉が渇いてくるといった身体的な変化に意味づけを与えようとする。どのような問題が出てくるだろうか、調べてきたことがうまく問題のなかにあるだろうか、なぜこんなに気分が高ぶるのだろうかなどなど、あれこれと心配事が頭をよぎる。これらの心配事は、いざ問題を解き始める段階になると多くの場合忘れ去られてしまう。心配事という認知的課題が、問題を解くという別の認知的課題に取って代わられるからである。

このように頭のなかでの切り替えがうまくいけばよいのだが、うまく切り替えがいかなかった場合には、問題を解くという作業効率にマイナスの影響を与えるだろう。認知的不安はコンフリクト状況を解決するために人を慎重にさせ、不安の解決に必要な処理に注意を向けるので、作業効率は下がるわけである。テスト不安によって、テストの成績が低下するとよくいわれているし、また多くの研究はそのような結果を示している。それはテストの成績を上げるという目標に向かった行動のなかで、注意をコントロールするというはたらきが認知的不安によって妨げられ、作業効率が下がってしまうからである。注意を課題に集中できなくなってしまうと、目で見たこと、耳で聞いたことを頭のなかに一次的に蓄えておいて、今行っている問題解決に利用するという作動記憶のはたらきが悪くなり、結果的に作業効率が低下してしまうのである。

このようにあらわれるテスト不安は進化的に考えて、どのような適応的な意味をもっているのだろうか。一見するとテスト不安などない方がよいと思われるかも知れない。しかしテスト前に起きる身体的不安はテストに対する身構えともいうべき準備段階である。問題は身体的不安が高まりすぎて身動きがとれなくなってしまうこと、そして仮に認知的不安へと変化したとしても、そこでの認知的コンフリクトが、課題を解くというなかでの認知的コンフリクトへと転化できない場合である。

テストの際にみられる身体的不安の高まりすぎと認知的不安から課題を解くというコンフリクトへの転化の失敗、これはいずれも脅威の源を軽視したことに対する警告だと私は解釈した。もしテストへの準備がある程度なされていたならば、このようなことは起きない。身体的不安や認知的不安の高まりは問題を解いていくなかで解消されていっただろう。しかしそうはならなかった。今度テストを受ける際にはもっと悪い事態になるかもしれないので、もっと準備をしてテストに臨まなければならないという警告なのである。

3　適度の不安は認知能力を改善する

このようにして、不安が強くなりすぎるという事態は、注意をすべて、脅威をもたらす対象にしぼり行動するという、生体が自己防衛のために行う適応的なはたらきである。不安が適度の状態であるならばこのようなことは起きてこない。むしろ生体に適度の緊張を与え、課題解決にとって必要な定位・探索活動を十分に行うことを可能にしたはずである。これまで多くの文献で、不安は認知的な遂行にマイナスの影響を及ぼすとされてきたが、そこでは不安の適度の状態という考えに基づく議論はされていなかったように思える。

図15は、不安の高さとパフォーマンス（成績・作業効率）の水準との関係についての、二つの考えを示したものである。直線で示された実線は、不安が高まるにつれパフォーマンスは低下するという考えをあらわしたものである。この考えは、不安とパフォーマンスの相関関係を求めて、負の相関関係があれば、不安が高まるとパフォーマンスはその度合いに応じて、直線的に低下するとするものである。あるいは、不安の低い群と高い群のパフォーマンスを比べてみるという方法もある。しかし仮に不安とパフォーマンスの関係が、実際には点線で示したような曲線的な関係にあったとしても、相関係数を求めるという方法、あるいは平均値を比較するといった方法のどちらの場合でも、不安の高さはパフォーマンスの低下と関係するという結果をもたらすだろうということは、図15から想像でき

ることである。

この点線で示された関係というものは、不安には最適水準というものがあって、最適水準に達するまでは不安の増加に伴ってパフォーマンスは曲線的に増大するが、最適水準に達した後は曲線的に低下していくという考えに基づくものである。どちらの考えが事実に沿ったものであるかをみるためには、あらかじめある仮定にしたがって分析していくのではなく、結果に最も合致する関係を探し求めていくという方法をとらなければならない。すぐ後で紹介する研究はこのような趣旨に合致したものである。

不安とパフォーマンスとの関係について、様々なモデルを考え当てはめてみようというような考えは、実はスポーツ心理学の領域ではよく知られているものである。このほかには、競技種目による、あるいは個人による最適水準の違いを考えたり、あるいは最適水準を過ぎると急激にパフォーマンスが破局的に低下したりすることを仮定するカタストロフィ説もある。なぜ認知心理学の基礎領域で、このような柔軟な考えがあまり問題にされずに、不安と認知的パフォーマンスの間の直線的関係が強調されてきたのか、振

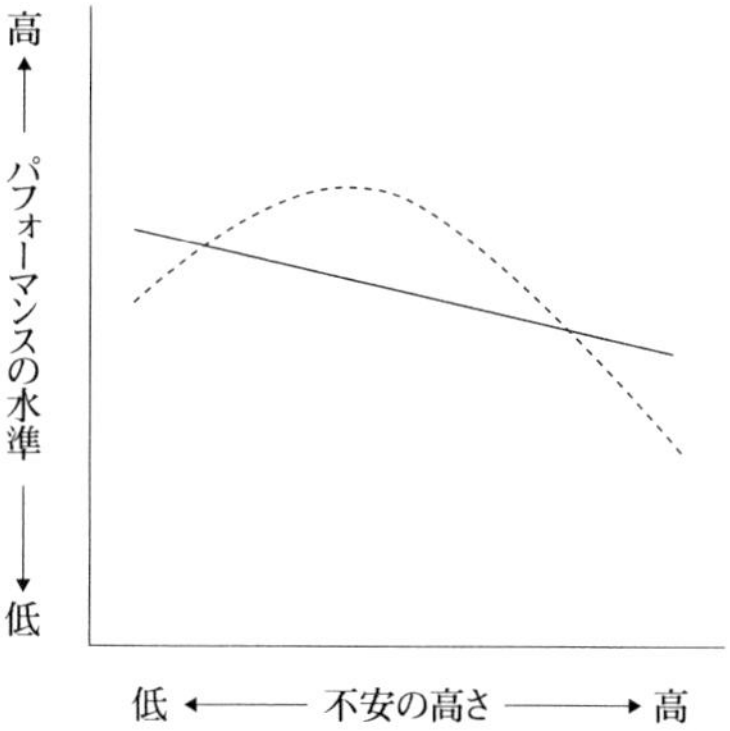

図 15　不安の高さとパフォーマンスの水準の関係についての二つの違った考えを示した図。点線で示された曲線は，不安には最適な強さがあり，そこで最高のパフォーマンスが得られると考えるが，実線で示された下降線は，不安が強くなるにつれパフォーマンスは直線的に下降していくと考える

り返ってみる必要があるのではないだろうか。

オランダでの高年者の調査でも適度の不安が認知能力を改善

これから紹介するのは、スポーツの領域ではなく高年者の認知的能力と不安との関係についての大規模な調査の結果[9]についてのものである。それはオランダのアムステルダムで行われた高年者についての縦断的研究の一部分であって、不安と認知的パフォーマンスの関係を考える上で、非常に重要な資料を提供したものだと私は考えている。この研究は一九九二年に二三五一名の対象者（五五〜八五歳、平均六九・五歳、男性が四六・七％）で出発し、一九九五年には二二八八名（平均七二・二歳、男性四六・九％）、一九九八年には一八七〇名（平均七四歳、男性四五％）、二〇〇一年には一四六九名（平均七五・七歳、男性四三・八％）の同じ対象者を追跡調査したものである。九年間で約九〇〇名がドロップアウトしたことになるが、年齢や性別、そして教育水準が関係していたほか、不安症状が高い人たち、そして認知的パフォーマンステストの成績の悪い人たちに多かった。状態不安は、病院・不安と抑うつ尺度（HADS）の不安下位尺度で、抑うつ的傾向は疫学センター抑うつ尺度（CES―D）で測定された。

不安を測る項目は、①緊張した、またはかなりの緊張状態に追いやられた感じ、②何か恐ろしいことが起こるかのような、おびえた感じ、③心配な考えがこころをよぎる、④気楽に座れてリラックスした感じ、⑤心配でどきどきした感じ、⑥動いていなければならないかのような、そわそわした感じ、⑦急にパニックの感じ、の七問である。この調査では言及されていないが、これまでこの本のなかで述べてきた規準に当てはめると、③以外は身体的不安を測っていると考えられるような質問と考えてよいと思われる内容である。対象者の不安の得点は、〇から二一点の範囲のなかの二・五点（一九九二年）から三・二点（二〇〇一年）だった。このほかに学歴、飲酒量、慢性疾患、向精神薬の利用の程度が調べられている。認知課題としては、一般的認知能力を測る目的のミニ精神状態検査（ＭＭＳＥ）、流動性知能を測る目的のレーブン色彩マトリックス課題、情報処理の速度を測る目的の符号化課題、エピソード記憶を測る目的の聴覚言語学習テスト（学習、遅延再生と保持）が用いられた。

このミニ精神状態検査は、日本で認知障害の検査で用いられているものと基本的には同一のものであって、基本的な認知能力を測るものだと考えれば間違いはない。ミニ精神状態検査は、①今日の年月日や居場所を聞く、②三つの関連ないものの名前を聞かせてすぐ後で再生させる、③一〇〇から七ずつ引いて答えさせる、④先ほど覚えた三つの名前を再生させる、⑤鉛筆と時計をみせて名前をいわせる、⑥文章を読んで繰り返させる、⑦三段階の命令に従った動作をさせる、⑧文章を書かせる、⑨幾何学図形の模写、というようなものであった。聴覚言語学習テストは、一五の単語を読んで覚えさせるという試行を三度繰り返し、それぞれの試行の直後に再生させたり二〇分間他のことをやらせた後に改めて再生させて、その保持能力を調べたりするといった、ある出来事（エピソード）の記憶を測るものであった。

学歴や身体的な状況などの混交する要因を取り除き、不安と認知課題の間の関係について考えられる様々な可能性を含めて順次分析していったが、不安は一般的認知能力を測るミニ精神状態検査での成績およびエピソード記憶を測る聴覚言語学習テストでの成績に対して、図15の点線で示されるような曲線的な影響を及ぼしていると解釈できるような結果だった。ミニ精神状態検査では軽い不安症状は成績の改善と結びついていたが、不安の得点が八〜一一点あたりからそれまでみられていた不安の上昇に伴う成績の上昇は下降へと転じることになる。聴覚言語学習テストの場合でも同様に、軽い不安症状は成績の改善と結びついていたが、症状の増大に伴って成績は悪くなっていった。四回のテストを通して不安得点が一五点以上だった対象者は、テストを通して不安の症状を示さなかった対象者よりも成績は悪かった。ちなみに不安の得点は〇点から二一点の間にあり、〇〜七点は正常、八〜一〇点は軽い不安症状、一一点以上は、中程度あるいは重度の不安症状と診断されることになっている。このほかの認知課題と不安の間には曲線的な関係があったが、統計的に意味のあるものではなかった。この研究で示されている二つの図と図15に示された曲線を比べてみると、聴覚言語学習テストと不安の関係を示す曲線は図15に示された右下がりの曲線に近く、ミニ精神状態検査と不安の関係を示す曲線は逆U字の正規分布曲線に近いものだった。続いて、現在の不安症状が三年後の認知的パフォーマンス（成績）に影響を及ぼすかどうかの検討が行われたが、不安の症状の有無が将来の認知的パフォーマンスの高さを予測するものではないことが明らかになっている。

日常的な課題で不安の効果がでる

オランダで行われたこの大規模な調査結果は、不安と認知的パフォーマンスとの関係を考える上で非常に重要な資料を提供している。まず調査が、対象者である高年者の自宅で、熟練した調査者によって行われていること、そして大規模な、同じ人に繰り返し調査を行った研究であるということである。第二に、不安との関係がみられた検査は、いずれも日常的な認知能力と関係したものだったということである。

なおここでいうミニ精神状態検査および聴覚言語学習テストと、日本での七五歳以上の高齢ドライバー対象の認知機能検査（講習予備検査）とを比べてみると次のようなことがわかってきた。講習予備検査は、高齢者講習を実施するために、記憶力、判断力の状況を確認するものであって、時間の見当識課題という検査時の年月日、曜日そして時間を回答させる課題、記憶した一六種類のイラストの名前が正しく回答されたかをみる手がかり再生課題と、時計の文字盤を描き、時計の針で指定された時刻をその上に描くといった時計描画課題から構成されている。このなかの時間の見当識課題はミニ精神状態検査の①と同じであり、時計描画課題は幾何学図形の模写と類似している。また手がかり再生課題は、提示方法などの違いはあるものの、エピソード記憶をみる課題である点で聴覚言語学習テストと類似した課題である。つまりオランダでの調査で、軽い不安症状が成績の上昇と結びついていた課題は講習予備検査と類似した課題であったということになる。

しかしこれらの二つの検査に比べると、関連がそれほどはっきりとはみられなかったレーブン色彩マトリックス課題は、複雑な図形のなかに隠されたある図形を探すといった、非日常的な事態での検査であるし、また符号化課題もアルファベット一文字同士の結びつきの一覧をみて、回答欄で空欄の文字の相手の文字を書き入れるという、これもまた非日常的な課題であった。つまりこの調査で意味のある関係を示した検査が、すべて日常的な認知能力についてのものだったということは、高年者にとっては非日常的な事態に対処することが困難だという事情を差し引いても、やはり課題の選択というものの重要性を示す結果だと思われる。また熟練した調査員によって行われた、自宅での調査といった意味も大きい。これまで不安やうつ状態は、特に高齢者にとってマイナスの要因だと思われていたが、少なくとも不安については、軽い不安の症状はむしろ高年者の認知機能の高さと結びついているという意外な結果でもあった。

エアロビックスは身体的不安を高め認知的不安を静める

このような意外な結果をもたらした原因がどこにあったのかを考えてみると、それはこの調査で測られた不安の内容にあるように思える。測られた不安の大部分は身体的不安であった。そうすると身体的緊張から発する不安の高まりが、成績の向上をもたらしたということになる。一般的に、目覚めが高まるとそれに伴ってパフォーマンスは高まることは確認されている。そうであるとすれば、不安の高まりは目覚めの高まりと同じようなはたらきをしていたことになる。ここで、第六章で紹介したエケカキスらの研究を思い起こしていただきたい。それはエアロビックスによる不安の変化をみたもので、エアロビックスによって身体的不安は増大したが、認知的不安は逆に減少したという結果を示したものである。そこでは、エアロビックスによって呼吸や心拍数が増えたので不安が高まったように感じ、また快適な気分なので心配事などはいる余地がなく、認知的不安が減少したものと解釈していた。

しかしこのような解釈は、これまでこの章で検討してきた事柄を考えると次のように改めなければならないように思える。呼吸や心拍数の増大は、身体的緊張による行動の活性化をもたらし、その結果としてエアロビックスのパフォーマンスを増大させたということになる。落ち着かない、くつろげないという表現は、身体的緊張状態をいいあらわしていることばであって、それを身体的不安と名づけているのである。図15の点線で示された曲線の上昇部分が、パフォーマンスの上昇に伴う身体的不安の上昇を示しているということになる。それではエアロビックスをすることによって、不安が減少したことはどのように説明されるのだろうか。この場合には、図15の実線部分を使って説明されることになる。エアロビックスの導入つまりパフォーマンスの上昇は、認知的不安の軸を左側の方に移動させることに対応しているが、図からわかるようにそれは不安の低下と対応しているのである。

図15の実線と点線で示された不安とパフォーマンスの関係図は、もともと両者を直線的関係としてとらえるか、あるいは曲線的関係としてとらえるかという違いを示すために描かれたものだったが、この図は同時に、身体的不安と認知的不安がパフォーマンスとかかわる関係の違いを示すものとしても使えることになったわけである。つまり身体的不安の高まりは、その最適水準まではパフォーマンスの上昇と関係するが、最適水準を過ぎるとパフォーマンスは減少していく。他方の認知的不安の高まりは、一貫してパフォーマンスの減少と結びついているということになる。日常的な場面での例でいうと、道を横切る際の緊張（身体的不安）はパフォーマンスを助けてくれるだろうが、いろいろな事態を想像して心配になること（認知的不安）はパフォーマンスにとってマイナスの要因でしかないというわけである。オランダでの高年者を対象とした調査では、不安は認知的パフォーマンスにとってプラスの効果があったが、そこで測られた不安の大部分が身体的不安であったためであったと考えると理解できる結果であるが、もしも認知的不安との関係であったとすればマイナスの効果であった

可能性が高い。

不安が高いと易しい問題の成績がよくなる

先ほど試験問題を前にして、その開始を待っている状況について考えてみた。頭がかっかしてくると、試験について監督者が述べる注意事項に耳を傾けるという注意の分散ができにくくなり、うっかり聞き逃してしまって致命的な間違いを犯してしまうということが起きてしまう。これらは目覚め（覚醒）の水準と注意の範囲として、昔から研究されてきた事柄であった。図16は、イースターブルック[10]が一九五九年に提出した模式図を私が一部作り替えたものである。彼のモデルは古いものだが現在でも通用するもので、様々な領域でよく引用されている論文である。

まず三つの前提から彼のモデルは出発することになるが、その前提は現在の知見に照らしても正しいものと考えてよいだろう。図の上には低い目覚めの状態での注意の範囲が広いことが、大きな円でもって示されている。下図では高い目覚めの状態では、注意の範囲が狭くなることが小さな円で示されている。これが第一の前提である。次の前提は、課題の難易度によって、課題を解くための手がかりの数が違ってくるというものであり、当然のことながら難しい課題ほど手がかりの数は多くなってくる。第三の前提は、課題を解く手がかりが注意の範囲に多く入るほど成績はよくなる。このような三つの前提から、次のような課題の難易度と目覚めの状態の関係が出てくる。難しい問題を解くには低い目覚めの方がよい（上図の右側）。易しい問題を解くには高い目覚めの状態の方がよい（下図の左側）。身体的不安が目覚めの状態と関係深いということから、この図式を先ほど取り上げたテスト不

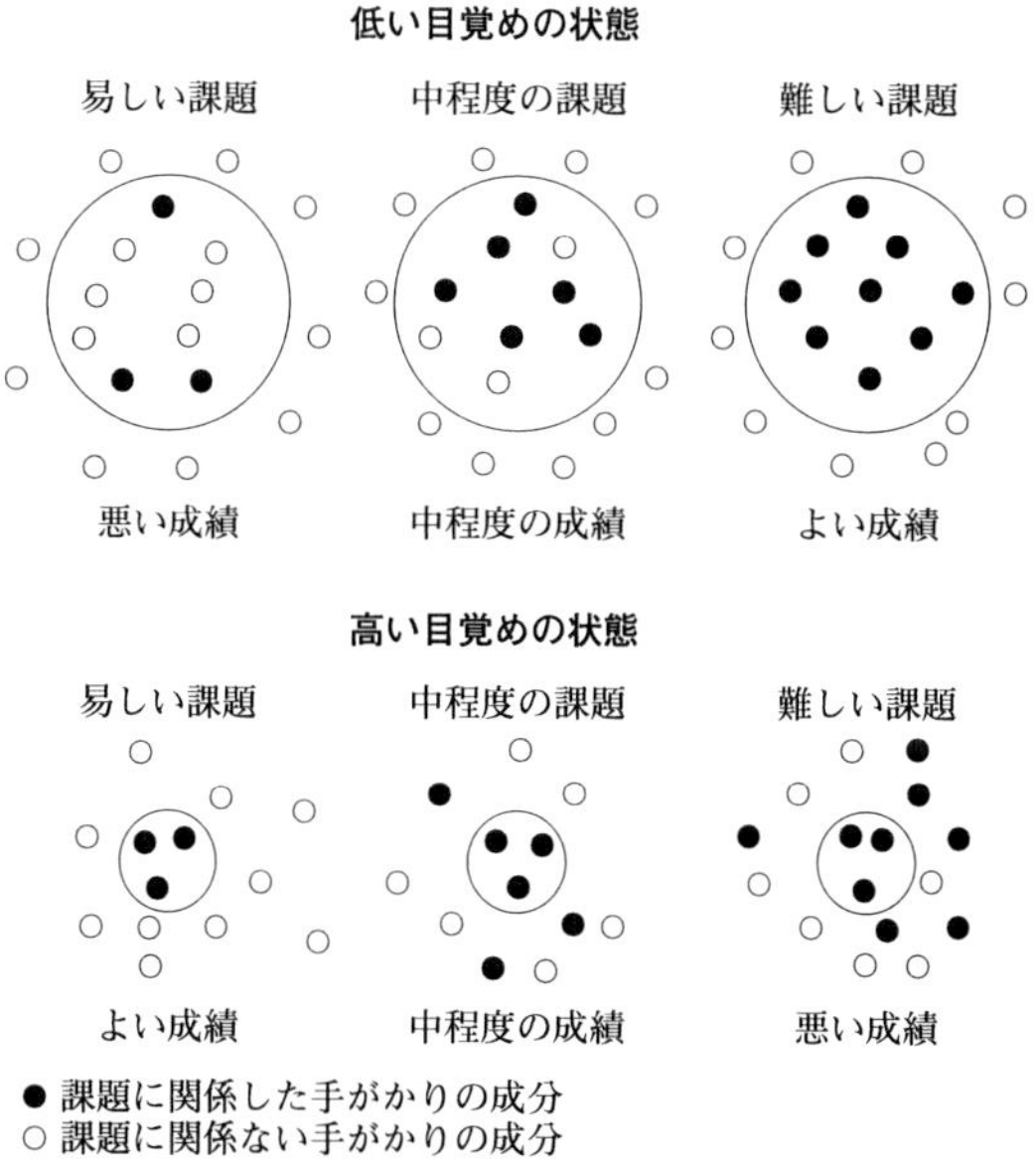

注）Easterbrook（1959）の図を改変したもの。大きな円は手がかりが利用できる範囲を示している。低い目覚めの状態では、手がかりが利用できる注意の範囲は広い。

図 16　目覚めの状態と成績の関係を示した図

安のパフォーマンスの関係に適用できるということになる。

図15の点線で示されている曲線が、身体的不安とパフォーマンスの関係をあらわしていると述べたが、目覚めの状態が身体的不安と関係するということから、図15のこの部分と図16は同じ現象を説明しているものと考えてよいだろう。違いは図16では課題の難易度が考慮されているといった点である。それでは図15の曲線的関係として示されたオランダで行われた調査課題はどうだったかというと、それは認知障害の診断にも使われることからわかるように、易しい基本的な認知課題であって図16の下図が当てはまることになる。つまり易しい課題は高い目覚めで効率よく処理されるという図式である。オランダでの調査で不安の効率的効果を示した対象者の不安は、不安得点の範囲のちょうど中間に位置する、軽い不安症状を示すという程度のものだった。これを高い目覚めの状態であると考えるならばうまく事態を説明できるというわけである。

ここで、オランダの調査で用いられた易しい基本的な認知課題とはどのようなものだったかを再度考えてみよう。それは日本で認知障害の検査、あるいは高齢ドライバーの講習予備検査のような、ルーチンの日常生活に必要な認知機能を測るものと類似したものであって、流動性知能を測る目的のレーブン色彩マトリックス課題や情報処理の速度を測る目的の符号化課題という、不安の高さとの関係が認められなかった非日常的課題とは明らかに異なった内容であった。ルーチン化された日常的課題は、ごくわずかの手がかり刺激でもって解決することが可能な課題であった。

このようにして身体的不安と認知的パフォーマンスの関係を考える場合に、課題の難易度を考慮しなければならないことは確かである。先ほどあげたテストを受ける際のテスト不安は、テストの内容が易しいことがあらかじめわかっていた場合には、事態は違った形で展開したはずである。高い身体的テスト不安はテストの成績の向上に役立ったものと想像される。しかし、テストの課題が難しいと感じていたので、不安はパフォーマンスに妨害的にはたらいたということになる。

4　不安は反転して変化する

注意の範囲と注意の焦点の移動と不安の反転の関係について

しかし、身体的不安と注意の範囲とを関連づけてきたここでの議論には、考慮すべき重要な事柄が抜け落ちていたようである。それは、注意とその範囲を考える場合に忘れてはならない、注意の範囲の広さと、その焦点がどのように移動するかという問題についての議論である。ものをとらえるときの目の動きを考えてみるとそのことはよくわかるだろう。注意の範囲が広くても、でたらめに目が動いたり、ある部分にだけ注意が集中していたりしてはだめである。身体的不安を定位・探索活動と関連づけて議論してきた本書の趣旨からすると、注意の移動あるいは注意の切り替えという要因は定位・探索活動で重要なものとなるはずであった。そう考えると、図16で問題とした注意の範囲というものは、定位・探索活動による注意の焦点の移動を含んだ概念だったということになる。

つまり低い目覚めの状態での注意の範囲が広いのは、定位・探索活動の範囲の広さを意味していたわけである。またもう一方の高い目覚めの状態での注意の範囲の狭さは、定位・探索活動の範囲の狭さを意味していたということになる。こう考えてくると、不安が病的な状態になることの原因を、二つの不安のあいだの反転ができなくなったことに求めたことの意味がよりはっきりしてくるように思える。それは、注意の移動ができなくなることが反転を困難にして、結果として不安の病的な状態へと導いていくという図式である。図12と図13で私のモデル図をもとに、思考過程における不安のはたらきを説明する際に、注意の切り替えによって反転が生じると述べたのはこのことを指していたのだった。そこで述べた注意の切り替えとは、定位・探索モードと収斂・慣例化モードのあいだの注意の切り替えのことだったが、実はこのモード間の注意の切り替えが可能となる前提として、一つのモード内での注意が向けられた範囲のなかで注意の焦点が自発的に移動できるという条件があったということである。

序章で紹介した道路を横断する際の不安について考えてみよう。これは主として身体的不安についての話であったが、注意を道路のあちこちに移動させるという役目を果たせて初めて身体的不安は役に立ったわけだが、あまりに注意の範囲が広ければ注意の移動に過大の負荷がかかり、注意は固定化され、人はいわばフリーズした状況になってしまって、危険にさらされてしまうことになる。身体的不安を認知的不安へと反転させ、言語化された不安の構図のなかから道路を横断する方法を探ることなど考えられるはずがなかったのである。

身体的不安から認知的不安への切り替えの意味について

社交不安の例で考えてみよう。不安の模式図を説明する際に、身体的不安から認知的不安への切り替えがうまくできなくなると、社交不安の症状が生じてくると述べた。これは身体的不安についての認知の誤りをあらわしている。またこの章の始めに、「社交不安障害患者は人前で相手を見ていなかったり、ただ下を見るだけで相手を見ることなく話をしているかのように感じるが、実は相手のしぐさや表情の変化に非常に敏感で、相手をよく見ていることがわかる」というその特徴を、坂野雄二の文章を引用しながら紹介した。人前で相手を見ていなかったり、ただ下を見るだけだったりするのは、いわば視線がフリーズしてしまっているわけである。あるいは視野の隅で相手を眺めているといった方がよいかも知れない。視覚的情報があまりに強くまた多すぎたからである。そこから、認知行動療法が問題とする認知のゆがみが生じてくる。

それではこれらの現象を、先ほど議論してきた不安と認知的パフォーマンスとの関係という観点から眺めてみるとどうなるのだろうか。第七章三節で紹介したダビドソンらの社交不安患者の例からすると、右前頭葉の活性化がみられていたことから社交不安の多くは身体的不安であったと考えられる。その高さがどの程度だったかは論文からは残念ながら推定できないが、パフォーマンスにプラスの影響を与える限度である中程度の身体的不安以上の強さの不安であったことは想像に難くない。ここで身体的不安がある規準を超えた強さのままとどまり、認知的不安へと反転できなかった場合には身体的不安はさらに高まり、パフォーマンスの急激な低下をもたらすような事態となったと想像されるのである。実際、自分が苦手とする小集団の前で話をしなければならず、しかもその結果が評定されるという事態では、広い範囲に注意し、注意をあれこれと移動することが要求されている。これは高い負荷となるものであって、結果的には与えられた課題への視点は固定されてしまい、柔軟な思考を行うことは難しいものであった。

反転がうまくいかない場合

身体的不安が障害としてあらわれるのは、身体的不安を認知的不安に反転することができず、ことばとして象徴化することができないために、フロイトのいう不安の等価物、言い換えるとフリーマンとラッセルのいう脱象徴化としてあらわれるのである（第二章一節参照のこと）。フリーマンとラッセルの表現を借りるならば、社交不安患者は自分の心的緊張を自分から取り除こうと努力し、その努力を反映するような自分の内的状態を、こころのなかに登録して、処理、命名しようとする（象徴化）。しかしそのことに困難を感じそれに耐えられなくなってくると、身体的、運動的領域での反応としてすぐさま表出しようとする（脱象徴化）。したがって社交不安患者がこころのなかで述べているであろうと想像される心配事の羅列は、身体的不安を取り除こうとする努力を正しく反映したものではなかったということになる。第七章三節のホフマンらによる心配事の導入実験は、まさにこのような事態を人工的に導入したものであった。これからやるプレゼンテーションはうまくいかない、皆から馬鹿にされるだろうといったような心配事を繰り返し想像することは、自分の心的緊張をさらに高めることはあっても、それを取り除く役割をすることは絶対にあり得ないものであった。

反転がうまくいく場合

不安が病的にまで高められることがなく、通常に経過する場合には、不安は身体的不安に始まり、やがて身体的不安を象徴化する過程としての認知的不安へと反転する。ここでの認知的不安の役割は、定位・探索活動としての身体的不安をうまく収斂させ慣例化した行動へと導くためにある。道路を横切るという例でいうならば、周囲に警戒の目を向けるという身体的不安のはたらきをうまく導き、まず右をみて次に左をみて、自動車の距離とスピードを大まかに測り、渡るかどうかを決定するというプラニングを行う基礎になるのが認知的不安のはたらきである。しかしこのような場合には、身体的不安と認知的不安ということばの代わりに、気にしたことからくる目覚め（anxious arousal）と気にしたことからくる懸念（anxious apprehension）という、より具体的な表現を使った方がわかりやすいかも知れない。気にしたことからくる目覚めは行動を活発にするが、もう一方の気にしたことからくる懸念は行動を抑制する（図15参照）。これは道路を横切る場合の理にかなった方法ではないだろうか。また交通量が多く課題解決が困難な場面に直面すると、身体的不安は高まりなすすべもなく横断を断念してしまうことになる。

第二章三節でくわしく紹介したように、出生時に新生児に起こる出来事が、不安の原型的な経験だとフロイトは考えていた。出産の際には、神経興奮の伝播は呼吸器官にむけられ、肺の活動へと方向づけられ準備されているが、これは心拍数を加速させ、血液が毒されないようにするためである。これらのはたらきは危険を予知し、危険を生じさせるような状況を防止する信号を送るという意味において、まさに身体的不安の原型であった。次いで新生児は産声を上げながら誕生する。この産声の意味については諸説あるが、私はこれが認知的不安の原型ではないかと考えている。つまり出生時の危険を予知する信号としての身体的認知の象徴化が産声という発声としてあらわれ、それは不安のコミュニケーション的役割を演じるのである。「私は生まれたんだよ。何とかしてよ」というコミュニケーションを周りの大人に伝えているのである。しかし新生児は次第に、これらは自分で解決しなければばならない課題であることに気づくのである。後には同じ泣き声でも、要求の内容によっては異なってくるのであった。

終章　不安を生き、生かす

これまで何度も述べてきたように、不安とは実に不思議な性質をもったこころのはたらきである。不安だとは気づかないこころのはたらきのなかにも不安は存在していた。不安とは文字通り不安心、つまり安らかでないところに、現状を否定し、人を新しい方向へと向かわせるようなこころのなかに常に存在している。現状を否定しというと大げさな感じがするが、要するに現状と違った新しい状況を欲するわけである。したがって不安をもたない人のこころには発展はない。いや私は不安など感じたことがないので、それでは私のこころは死んでいるのかと問われる人もあるだろう。そうではない。多くの場合、自分のこころのなかに潜んでいる不安の存在に気づかないだけである。

何か変わったことをしようとするとき、あるいは見知らぬ土地に行ったとき、違和感を覚えるものである。違和感というよりはむしろ、なにかいつもと違った感じといった方がよいかも知れない。そこで心拍数や呼吸を測ってみると、少しだけ変化がみられるかも知れない。あるいはうっすらと手のひらが温かく、汗ばんでいるかも知れない。これが身体的不安、つまり気にしたことからくる目覚めである。このような身体的変化に気づかないまま、仕事を続けたり歩き回ったりすることが多いだろう。これは身体的不安がいつの間にか認知的不安に反転して、その後ルーチン化された方法を採用して収斂されていったためである。あ、これはこうしたらよいだろうなとか、周りを見回して、見知らぬ土地のなかに親近感をもてるものを見いだそうとするのが認知的不安、つまり気にしたことからくる認知のなせるわざである。

不安とともに脳はいろいろと反転している

しかし反転といっても、このような二つの不安の間にみられるものと違って、周期がきまっていて、気づかれることなく経過するものがある。その典型的な例として、睡眠中のレム睡眠とノンレム睡眠の間の反転がある。この反転は平均すると約一時間半ごとに行われていて、よく夢を見る睡眠期であるといわれるレム睡眠期は大脳の右半球が活性化しているが、ノンレム睡眠期では左半球が活性化している。レム睡眠期では素早い眼球運動（Rapid Eye Movement）がみられるのでその頭文字を取ってREM《レム》と名付けたわけだが、このこともこの時期が典型的な定位・探索の時期であることを物語っている。

昼間記憶した情報を整理するために、睡眠中での反転が行われているという、睡眠を説明する有力な説がある。それを言い換えてみると、右半球が活性化しているレム睡眠期では、昼間収集した記憶情報に定位し、検索しているということになる。そしてこの情報が反転によってノンレム睡眠期で優位な左半球に送られ、そこでルーチン化されたルールにしたがって収斂されるというわけである。今ここで、不安をコンフリクトのあらわれであるという考えをそのなかに持ち込むと、昼間に経験した事柄の記憶痕跡を右半球で定位・探索するなかでコンフリクトが発見されると、それは一種の身体的不安として外側に放出されることになる。レム睡眠期に呼吸や心拍数が不規則になり、また汗をかくといった自律神経系の変化が起きるのは、この身体的不安のあらわれと考えることはできないだろうか。定位・探索された記憶痕跡は反転によって左半球に送られ、言語的ラベルをつけられて収斂され処理されていくわけだが、そのあるものは認知的不安としてあらわれることになる。この段階がしばらく続くと、やり残している記憶痕跡の処理をするためにまた右半球へと反転するものと考えられる。このような反転を眠っている間に四、五回繰り返し、うまくいけば不安の処理が全部終わった段階で朝を迎えるのである。よい眠りの朝の目覚めがすっきりと快適なのはこのことによる。しかし寝る前の不安が強すぎるとうまく反転は進行せず、結果的にはよく眠ることができず、朝までコンフリクト状態は持ち越されることになる。これは現段階では仮定に過ぎないが、いろいろな事態をうまく説明してくれるように思える。

さらにはこのような左右の半球の間で行われている情報のやりとりが、睡眠中だけではなく、目覚めている昼間も同じ一時間半の間隔で行われているという証拠もある(1)。大学生に一五分ごとに言語課題と空間課題をやらせてどちらの成績がよいかを比べてみてそのことがわかったのであった。しかしその反転は、睡眠中の反転に比べると弱いはっきりとしない性質のものである。この一時間半はまた、大学の授業が多くの場合九〇分であることからもわかるように、成人の注意の持続が可能な最大の時間でもある。それは言い換えると、脳のはたらきがスムーズに進行するために必要なゆっくりしたサイクルというものがあるということになる。この時間を過ぎると飽きてしまい、新しい探索活動へと向かうのである。つまりここでも、探索と収斂のサイクルがあるということになる

人の一生にはあるリズムというものがある。年齢に応じたリズムが最もゆっくりしたサイクルだろうが、そこで定位・探索される対象というものには、それぞれの年齢に特有のものがある。それがあるからこそ、人は年齢に相応した、一種の悟りといってもいいような思考のパタンをもつことができるのではないだろうか。交替のもっと短いものが昼と夜のサイクルである。そのサイクルに合わせて目覚めの時期と睡眠の時期とが生じてくる。これらのサイクルは、環境の変化によってあまり左右されずに不随意的に自然のままに行われているが、九〇分のサイクルとなれば環境の影響が大きく出てくるように思える。休もうと思っても休めない、気分転換しようと思ってもそのような時間はないし、また保証されていないという現状がある。このサイクルに支障があると、それに支えられた不安のサイクルもおかしくなってしまう。

パーソナリティも反転している

アイゼンクに先駆けてはじめて内向性と外向性ということばを使って、パーソナリティの特徴を述べたことでも知られているユングは次のように述べている。(2)「誰もが内向性と外向性の双方のしくみをもっていて、どちらの力が強いかという相対的な力でもってその人のタイプが創り上げられる。……二つの心的機能のリズミカルな交替が生活の通常な経過であるが、外的環境や内的傾向が一方の

しくみをたすけ、他方のしくみを制限することがしばしば起きるとするならば、それが慢性的になるとタイプが出てくることになる」のであると。ユングがいうように内向性、外向性というのは文字通り一つの傾向であって、相互に反転可能なものである。また「他方のしくみを制限することがしばしば起き」その一つの状態があまりに長続きしてしまうと、反転が不可能になって病的状態に陥ってしまうのである。

それでは反転する内向性と外向性と、同じく反転する不安とはどのような関係にあるのだろうか。確かに、このような内向性と外向性の間の交替に比べると、二つの不安状態の間の反転現象は、図12に示されているように、内向性と外向性というパーソナリティの枠組みの中央の部分を利用して行われている。つまりごくわずか外向的な特徴を身体的不安が、そしてごくわずか内向的な特徴を認知的不安が示しているということになる。そこから、身体的不安と認知的不安が外向性と内向性のいわば原型であるという考えがでてきてもおかしくないことになる。これはあくまでの現段階での私の想像に過ぎないが、今後ゆっくり考えていきたい課題の一つである。

私はこれまで、内向性と外向性のあいだの交替は、こころの健康を支えているものとして理解していたが[3]、二つの不安がその橋渡しをしているとするならば、二つの不安のあいだの変化についてのこの本でのこれまでの検討から、内向性と外向性というパーソナリティ次元についても新たな見解を加えなければならないように思える。つまり内向性と外向性はそれぞれ、認知的不安と身体的不安と同様に、収斂・慣例化モードと定位・探索モードという認知と感情を結びつけるこころのモードがその基礎にあって成立するという考えである。しかしこれまでは、定位・探索の活動が、あるいは収斂・

慣例化の活動が反転をもたらすきっかけになると述べるだけで、あたかも自動的にこれらの活動が生じてくるかのように述べてきたきらいがあった。もっと積極的な意味があるはずである。

不安は前頭葉を発する信号である

不安は本来的に自動的に生じるものではなく、環境に対する積極的なはたらきかけのなかから発生してきた。そのことは、進化の過程のなかでの不安の発生について本書で検討したことからも明らかである。フロイトは、不安は自我のなかにあって、快―不快の審判に影響を与えるという目的のために、自我が意図した信号であり自我の欲動だと考えていた。今ここでフロイトのいう自我に代えて、前頭葉による行動の制御機能をもってきて、グレイ流の解釈を加えるならば、「不安は、前頭葉が、相互にコンフリクトし合う目標志向的行動を処理するなかで発生する信号であり、皮質下にある感情処理と関わりのある様々な部位にその信号を送り、その結果を快不快の信号として受け取ることによって、現在前頭葉で進行中の処理についての判断を行う」という目的のためのものだったということになる。快であれば処理は終了されるだろうし、不快であれば新たな処理方法を模索するという方法が前頭葉で選択されることになる。

不安は将来にどのような見通しをもっているかという、時間的展望の問題ともかかわっている。そのために定位・探索を行うわけである。将来という時間軸をうんと縮めるならば、現在の自分の置かれている状況についての見通しということにもなる。そのような意味で他者のこころを読む、自分のこころを読むという、こころの理論が関係してくるわけである。またこの本を書いている最中、うまく書けるだろうかといった様々な不安が生じては変化し、この本の進行と内容とに影響を与えている。しかし不安は様々なこころのはたらきとかかわるなかでその柔軟性を発揮し、状況に応じた変化を与えてくれているのである。その柔軟性は、心地よい目覚めの後の朝のすっきりした気持ちのなかに典型的にあらわれている。それは湯川秀樹が自分の経験として振り返っているように、インスピレーションが最もあらわれやすい時でもあるが、これはコンフリクトが解決されたことの証である。不安とは不確かな世界に立ち向かうこころのはたらきである。

しかし悩み事や不安を抱えていると寝付きが悪く、心地よい目覚めなど望むべくもない。目覚めの水準が高すぎて、寝る時間になっても下がらないからである。仮に眠りに入ったとしても不安な悪い夢ばかりみる。夢のなかで処理しきれないからである。どうすればよいのだろうか。昼間に処理できることは寝るまでに処理すること、しかしそれが不可能な場合には、不安は生体を防御するために発生したものであるという事実を振り返り、次いでその仕組みを知ることによって、前向きに対処するすべを自ら学ぶことである。

現代は不安に充ち満ちている。しかし漱石の作『それから』の主人公「代助は近頃流行語の様に人が使う、現代的とか不安とか云ふ言葉を、あまり口《くち》にした事がない。それは、自分が現代的であるのは、云はずと知れていると考へたのと、もう一つは、現代的であるがために、必ずしも、不安になる必要がないと、自分丈で信じて居たからである」。代助のこのこころ、これまた見倣うべき事柄である。不安は現代が作り出すものであると同時に自らが作り出すものでもあり、不確かさに立ち向かうこころのはたらきなのだから。

あとがき

この本を書いているとき、ふとある思いが頭を過ぎった。医院で毎度経験した「どうして」というあの気持ちは、不安とどのように関係するだろうかという思いである。かかりつけの医院に行くたびに、診察を受ける前に別室で看護師さんから血圧を測られる。そうすると家で測ったよりもうんと高くなってしまい、毎回医師に実は家ではこうこうでしたと説明する羽目になってしまうのだった。俗にいう白衣恐怖症であって、正しくは白衣高血圧というらしい。別に恐くないのになぜ恐怖症というのだろうか、なぜ血圧は上がるのだろうか、不安というのならまだわかるのだが、不安と恐怖とはどう違うのだろうか等々、このような疑問がいつもわいていたのだった。

本を書き終えてから、白衣高血圧についてもう一度くわしくインターネットで調べてみた。本を書いていくうちにその原因がわかってきたので、どのように述べられているかを確かめたいと思ったからである。学術的な研究を含めて、満足できる回答は残念ながらなかった。臨床医のためのある情報サイトで、「白衣高血圧を診たら社交不安障害を疑え」とまで書いているのに出会って、本書で問題にした社交不安障害がここで、このような形で議論されているのにはびっくりした。

私がこの本のなかで繰り返し述べたように、社交不安障害は何よりもまず身体的不安としてあらわれる。白衣高血圧は私自身の経験からしても、またその定義からしても、身体的不安であることは間違いない。身体的不安はまた、定位・探索活動のあらわれの一つである。そうすると、白衣高血圧と社交不安の高さとの関係は、定位・探索活動の高さを媒介にしているということになるように思えてきた。こう考えてくると白衣高血圧と社交不安との結びつきは当然の結果であって、また決して悪いことではないわけである。社交不安の高さが他者のこころを読む能力の高さのあらわれであったことを思い起こしてほしい。自分の白衣高血圧がどこから来ているかがはっきりすると、血圧の高さはある程度の高さまでで収まってくれるし、また気にならなくなるものである。私自身が実際そうであった。医院での血圧はそう高くならないようになったし、またなっても平気でいられるようになった。医院にいる患者さんたちや看護師そしてお世話になっている医師に対して、あまりに強く定位・探索しすぎたということだった。好奇心が強かったせいかも知れない。

この本のタイトルは『不安の力』となっている。これは同じこのタイトルで、五木寛之の本が集英社文庫から出ていることを知った上でのことである。私は不安を力としてとらえようとする彼の考えに全く同感であり、「不安の力」というタイトルがまた、この本の内容によく合っていると思った。彼はそのエッセイのエピローグの最後に次のように述べている。

不安を感じるこころというのは、人間の自由を求めるこころであり、やさしさであり、愛の深さであり、感受性の豊かさです。その不安をどんなふうに希望に転化させていくか、ということを考えるべきなのです。ですから、あえて言えば、不安は希望の土台です。不安を感じることが、人間が人間としてあるということの出発点なのです。

全くその通りである。五木寛之は彼自身が様々な場面で感じた不安について、そして人々が、不安を感じると想像される様々な場面について、不安の力という観点から作家としての優れた洞察を行っていた。本書は彼のいう「不安の力」について、その科学的な根拠を与えたものだといえるかも知れない。文芸、美術、音楽などの諸領域で示されている不安についてのこころを揺さぶる洞察に比べると、科学による不安についての考察というものは無味乾燥なものと感じられるであろう。しかしそれは、芸術の力では知り得なかった不安の違った側面を浮き彫りにできるという力をもっているのではないだろうか。

本を書き終えて振り返ってみると、「不安の力」というタイトルにしては「力」という部分を十分に示すことができなかったのではないかという悔いが少し残る。話がどうしても社交不安のような人間関係のなかで発生した不安に偏ってしまって、自然環境が原因で発生した不安について触れることができなかった。ここでいう自然環境とは、風水害や地震などの自然そのものがもたらす脅威の源だけでなく、原発事故がもたらしたような人工的な脅威の源を含んだ環境のことである。これらの自然の脅威といった潜在的な不安の源は、人間関係のような主観的なものではなく、客観的に存在しているものである。

私たちは治水や耐震、あるいは原発中止を含んだ原発対策といった物理的な方法で脅威の力を減らそうとするが、それには限界というものがある。潜在的なものであるはずの脅威が、現実的なものとしても感じられてくるのである。このようなわけで脅威への対処方法は、人間関係の場合とは異なった道をたどることにならざるを得ない。つまり起こる感情は不安だけでなく、恐れの感情も生じてくることになる。脅威の源が人間によって作られたものであった場合には、怒りを含んだもっと複雑な感情を引き起こすだろう。話を恐れの感情がかかわる対処方法に限ってみると、第三章二節で触れたグレイによる「生命に直接関わる闘争・逃走・フリーズシステム」がこのような脅威に対処するためのシステムとなってくる。人は闘うか（怒り）、逃げるか（恐れ）、あるいはパニックになってしまうかするだろう。なぜ自分がそうなったのか、そしてどのような解決方法を自分が取り得たはずなのか、その基本的な図式は図四に示されているので参考にしていただきたい。

この本は始めに述べた個人的経験とともに、これまでの様々な学問的な関心から蓄積されてきた知識がまた新たに定位・探索され、それが収斂することによって実現への道をとるに至った。この本の企画に日が当たり、出版されるに至ったのは、企画を理解し推進していただいた、編集部の永田悠一氏やその他勁草書房の皆様のおかげである。特に永田氏には、コメントから細かい点のチェックまでしていただき大変お世話になった。こころからの感謝のことばを、この場を借りて申し述べたい。

二〇一五年三月　　坂野　登

索　引

グレイ，フロイト，坂野の項目については，特に重点的に取り上げている章あるいは節も示してある。

アルファベット

ア　行

カ　行

サ　行

タ　行

マ　行

ヤ　行

ラ　行

文　献

第一章

(1)　Ekman, P., Friesen, W. V. and Ellsworth, P. 1972 *Emotion in the human face: Guideline for research and an integration of findings.* New York: Pergamon Press.

(2)　Engels, A. S., Heller, W., Mohnty, A., Herrington, J. D., Banich, M. T., Webb, A. G. and Miller, G. A. 2007 Specificity of regional brain activity in anxious types during emotion processing. *Psychophysiology*, 44, 352–363.

(3)　Ortony A. and Turner, T. 1990 What's basic about basic emotions? *Psychological Review*, 97, 315–331.

(4)　Darwin, C. R. 1872 *The expression of the emotions in man and animals.* London: John Murray. なおこの文献はインターネットで，The Project Gutenberg EBook of The Expression of Emotion in Man and Animals, by Charles Darwin より入手できる。

(5)　Oatley, K. and Johnson-Laird, P. N. 1987 Towards a cognitive theory of emotions, *Cognition & Emotion*, 1, 29–50.

(6)　Oatley, K. and Johnson-Laird, P. N. 2011 Basic emotions in social relationship, reasoning, and psychological illness. *Emotion Review*, 3, 424–433.

(7)　Lazarus, R. S. 1993 From psychological stress to the emotions: A history of changing outlooks. *Annual Review of psychology*, 44, 1–21.

Smith, C. A. and Lazarus, R. S. 1990 Emotion and adaptation. In L. A. Pervin (Ed.), *Handbook of personality: Theory and research.* New York: Guilford, pp. 609–637.

第二章

(1)　フロイトの著作に関しては様々な邦訳があるが，ドイツ語の原典，ある

いは英語訳の相当の部分はインターネットから無料でダウンロードできる。本書では原典をもとに検討を行ったが，一部分は英語訳も参照にした。
(2) Freedman, N. and Russell 2003 Symbolization of the analytic discourse. *Psychoanalysis and Contemporary Thought*, 26, 39-87.
(3) Verhaeghe, p., Vanheule, S. and De Rick, A. 2007 Actual neurosis as the underlying psychic structure of panic disorder, somatization, and somatoform disorder: An integration of Freudian and attachment perspectives. *Psychoanalytic Quarterly*, 76, 1317-1349.
Verhaeghe, P. and Vanheule, S. 2005 Actual neurosis and PTSD: The impact of the other. *Psychoanalytic Psychology*, 22, 493-507.
(4) たとえば，坂野　登　1999 こころを育てる脳の仕組み——心理学の視点　青木書店　のなかで論が展開されている。

第三章

(1) Gray, J. A. and McNaughton, N. 2000 *The neuropsychology of anxiety. An enquiry into the functions of the septo-hippocampal system.* Oxford: Oxford University Press. なおこの本は，インターネットからダウンロードできる。また，McNaughton, N. 2011 Fear, anxiety and their disorders: past, present and future neural theories. *Psychology & Neuroscience*, 4, 173-181. および McNaughton, N. and Corr P. J. 2004 A two-dimensional neuropsychology of defense: Fear/anxiety and defensive distance. *Neuroscience and Biobehavioral Reviews*, 28, 285-305. なども参考となる。
(2) Pickering, A. and Corr, P. 2008 J. A. Gray's reinforcement and sensitivity theory（RST）of personality. In G. H. Boyle, G. Matthews and D. Saklofske（Eds.）, *The SAGE handbook of personality theory and assessment: Volume 1. Personality theories and models*, chapter 11, pp. 239-256.
(3) Luria, A. R. 1973 *The working brain: An introduction to neuropsychology*. London: Allen Lane The Penguin Press.

第四章

(1) アントニオ・R・ダマシオ／田中三彦（訳） 2000 生存する脳——心と脳と身体の神秘　講談社
(2) Gray, J. A. 2004 *Consciousness: Creeping up on the hard problem*. Ox-

ford: Oxford University Press.（J. グレイ／辻平次郎（訳）意識――難問ににじり寄る　北大路書房，二〇一四）として，翻訳されていることがこの本の執筆後にわかった。
(3) Gray, J. A., Parlow, D. M., Brammer, M. J., Choppong, S., Vythelingum, G. N. and ffytche D. H. 2006 Evidence against functionalism from neuroimaging of the alien colour effect in synaesthesia. *Cortex*, 42, 309–318.
(4) MacDonald K. 1986 Civilization and its discontents revisited: Freud as an evolutionary biologist. *Journal of Social and Biological Structures*, 9, 307–318.

第五章

(1) Pultchik R. 2001 The nature of emotions. *American Scientist*, 89, 344–350.
(2) Davidson, R. J. 2002 Anxiety and affective style: Role of prefrontal cortex and amygdala. *Biological psychiatry*, 51, 68–80.
Davidson, R. J. and Sharon Begrey 2012 *The emotional life of your brain*. London: Hodder & Stoughton.
(3) MacNeilage, P. F., Rogers, L. J. and Vallortigara, G. 2009 Origins of the left and right brain. *Scientific American*, 301, 60–69.
MacNeilage, P. F. 2008 *The origin of speech*. Oxford: Oxford University Press.
(4) Harmon-Jones, E. 2003 Clarifying the emotive functions of asymmetrical frontal cortical activity. *Psychophysiology*, 40, 838–848.
Harmon-Jones, E. 2010 The role of asymmetric frontal cortical activity in emotion-related phenomena: A review and update. *Biological psychology*, 84-451-462.
(5) エルコノン・ゴールドバーグ／沼尻由起子（訳）2007 脳を支配する前頭葉――人間らしさをもたらす脳の中枢　講談社
(6) 坂野　登　2012 二つのこころと一つの世界――心理学と脳科学の新たな視角　新曜社

第六章

(1) Spielberger, C. D. 2010 *State-Trait Anxiety Inventory*. Corsini Encyclope-

dia of Psychology. 1
(2) Hofmann, S. G., Moscovitch, D. A., Pizzagalli, D. A. and Davis L. L. 2005 The worried mind: Autonomic and prefrontal activation during worrying. *Emotion*, 5, 464–475.
(3) Beck A.T., Ward C. and Mendelson, M. 1961 Beck Depression Inventory (BDI). *Archives of General Psychiatry*, 4, 561–571.
(4) Meyer, T. J., Miller, M. L., Metzger, R. L. and Borkovec, T. D. 1990 Development and validation of the Penn State Worry Questionnaire. *Behaviour Research and Therapy*, 28, 487–495.
(5) Ekkekakis, P., Hall, E. E. and Petruzzello, S. J. 1999 Measuring state anxiety in the context of acute exercise using State Anxiety Inventory: An attempt to resolve the brouhaha. *Journal of Sport & Exercise Psychology*, 21, 205–229.
(6) Ree, M. J., MacLeod, C., French, D. and Locke, V. 2000 *The State-Trait Inventory for Cognitive and Somatic Anxiety: Development and validation.* Poster session presented at the Annual Meeting of the Association for the Advancement of Behavior Therapy, New Orleans, LA. なお質問紙は（7）に全問掲載されている。
(7) Grös, D. F., Antony, M. M., Simms, L. J. and McCabe, R. E. 2007 Psychometric properties of the State-Trait Inventory for Cognitive and Somatic Anxiety (STICSA): Comparison to the State-Trait Anxiety Inventory (STAI). *Psychological Assessment*, 19, 369–381.
(8) Wilson, G. D., Gray J. A. and Barrett, P. T. 1990 A factor analysis of the Gray-Wilson Personality Questionnaire. *Personality and Individual Differences*, 11, 1037–1045.
(9) Slobodskaya, H. R. 2007 The association among the big five, behavioral inhibition and behavioral approach systems and child and adolescent adjustment in Russia. *Personality and Individual Differences*, 43, 913–924.
(10) Carver, C. S. and White, T. L. 1994 Behavioral inhibition, behavioral activation, and affective responses to impending reward and punishment: The BIS/BAS scale. *Journal of Personality and Social Psychology*, 67, 319–333. たとえばポーランド語訳版として，Müller, J. M. and Wytykowska, A. M. 2005 Psychometric properties and validation of a Polish adaptation of Carver and White's BIS/BAS scales. *Personality and Individual Differences*, 39, 795–805. がある。またカーバーの最近の考えについては，Carver, C. S. 2006

Approach, avoidance, and the self-regulation of affect and action. Motivation and Emotion, 30, 105-110. がある。
(11) 上出寛子，大坊郁夫 2005 日本語版 BIS/BAS 尺度の作成 対人社会心理学研究，5, 49-58.
(12) 高橋雄介，山形伸二，木島信彦，繁桝算男，大野裕，安藤寿康 2007 Gray の気質モデル——BIS/BAS 尺度日本語版の作成と双生児法による行動遺伝学的検討 パーソナリティ研究，15, 276-289.
(13) Sutton, S. K. and Davidson, R. J. Prefrontal brain asymmetry: A biological substrate of the behavioral approach and inhibition systems. *Psychological Science*, 8, 204-210.
Harmon-Jones, E. and Allen, J. J. B. 1997 Behavioral activation sensitivity and resting frontal EEG asymmetry: Covariation of putative indicators related to risk for mood disorders. *Journal of abnormal psychology*, 106, 159-163.
Coan, J. A. and Allen, J. J. B. 2003 Frontal EEG asymmetry and the behavioral activation and inhibition systems. *Psychophysiology*, 40, 106-114.
(14) Amodio, D. M., Master, S. L., Yee, C. M. and Taylor, S. E. 2008 Neurocognitive components of the behavioral inhibition and activation systems: Implications for theories of self-regulation. *Psychophysiology*, 45, 11-19.

第七章

(1) Hagemann, D., Naumann, E., Thayer, J. F. and Bartussek, D. 2002 Does resting electroencephalograph asymmetry reflect a trait? An application of latent state-trait theory. *Journal of Personality and Social Psychology*, 82, 619-641.
(2) Vuga, M., Fox, N. A., Cohn, J. F., George, C. J. Levenstein, R. M. and Kovacs, M. 2006 Long-term stability of frontal electroencephalographic asymmetry in adults with a history of depression and controls. *International Journal of Psychophysiology*, 59, 107-115.
(3) Smit, D. J. A., Posthuma, D., Boomsma, D. I. and De Geus, E. J. C. 2007 The relation between frontal EEG asymmetry and the risk for anxiety and depression. *Biological Psychology*, 74, 26-33.
(4) Davidson, R. J. and Fox, N. A. 1989 Frontal brain asymmetry predicts infants' response to maternal separation. *Journal of Abnormal Psychology*, 98,

127-131.

Davidson, R. J., Ekman, P., Saron, C. D., Senulis, J. A. and Friesen, W. V. 1990 Approach-withdrawal and cerebral asymmetry: Emotional expression and brain physiology 1. *Journal of Personality and Social psychology*, 58, 330-341.

(5) Davidson, R. J., Marshall, J. R., Tomarken, A. J. and Henriques, J. B. 2000 While a phobic waits: Regional brain electrical and autonomic activity in social phobics during anticipation of public speaking. *Biological Psychiatry*, 47, 85-95.

(6) Hofmann, S. G., Moscovitch, D. A., Pizzagalli, D. A. and Davis L. L. 2005 The worried mind: Autonomic and prefrontal activation during worrying. *Emotion*, 5, 464-475.

(7) Moscovitch, D. A., Santesso, D. L., Miskovic, V., Mccabe, R. E., Antony, M. M. and Schmidt, L. A. 2011 Frontal EEG asymmetry and symptom response to cognitive behavioral therapy in patients with social anxiety disorder. *Biological Psychology*, 87, 379-385.

(8) Petruzzello, S. J. and Landers, D. M. 1994 State anxiety reduction and exercise: Does hemispheric activation reflect such changes? . *Medicine & Science in Sports & Exercise*, 26, 1028-1035.

第八章

(1) Apter, M. J., Fontana, D. and Murgatroyd, S. (Eds.) 1985 *Reversal theory: Application & development.* Cardiff: University College Cardiff Press.

Apter, M. J. 1989 *Reversal theory: Motivation, emotion and personality*. London: Routledge.

なお反転理論は現在，反転理論協会（Reversal Theory Society）として様々なグローバルな活動を行っている。http://reversaltheory.org

(2) たとえば，坂野　登　2009　脳バランス力とこころの健康　青木書店

(3) Eysenck, H. J. 1973 *Eysenck on extraversion*. London: Crosby, Lockwood, Staples.

(4) エルコノン・ゴールドバーグ／沼尻由起子（訳）2007 脳を支配する前頭葉――人間らしさをもたらす脳の中枢　講談社　にその研究の紹介がある。

第九章

(1) 坂野雄二 2012 不安障害に対する認知行動療法 精神神経学雑誌, 114 (9), 1077-1084. なお, 丸山総一郎 (編) 2015『ストレス学ハンドブック』(創元社) では「社交不安障害とストレス」の項目で, 両者を関連づけて紹介している。

(2) Tibi-Elhanany, Y. and Shamay-Tsoory, S. G. 2011 Social cognition in social anxiety: First evidence for increased empathic abilities. *The Israel Journal of Psychiatry and Related Sciences*. 48, 98-106.

(3) Liebowitz M. R. Social phobia. *Modern Problems of Pharmacopsychiatry*, 1987, 22, 141-173.

(4) サイモン・バロン=コーエン/長野敬・長畑正道・今野義孝 (訳) 2002 自閉症とマインド・ブラインドネス 青土社

(5) Nomura, Y., Ogawa, T. and Nomura, M. 2010 Perspective taking associated with social relationships: A NIRS study. *NeuroReport*, 21, 1100-1105.

(6) Tullett, A. M., Harmon-Jones, E. and Inzlicht, M. 2012 Right frontal cortical asymmetry predicts empathic reactions: Support for a link between withdrawal motivation and empathy. *Psychophysiology*, 49, 1145-1153.

(7) ジュリアン・ポール・キーナン, ゴードン・ギャラップ, ジュニア, ディーン・フォーク/山下篤子 (訳) 2006 うぬぼれる脳――「鏡のなかの顔」と自己意識 NHK 出版

Keenan, J. P., Rubio, J., Racioppi, C., Johnson, A. and Barnacz, A. 2005 The right hemisphere and the dark side of consciousness. *Cortex*, 41, 695-704.

(8) 坂野 登 2010 展望――脳とこころ 教育心理学年報, 49, 162-170.

坂野 登 2012 二つのこころと一つの世界――心理学と脳科学の新たな視角 新曜社

(9) Bierman, E. J. M., Comijs, H. C., Rijmen,F., Jonker, C. and Beekman, A. T. F. 2008 Anxiety symptoms and cognitive performance in later life: results from the Longitudinal Aging Study Amsterdam. *Aging & Mental Health*, 12, 517-523.

(10) Easterbrook, J. A. 1959 The effect of emotion on cue utilization and the organization of behavior. *Psychological Review*, 66, 1959, 183-201.

終章

(1)　坂野　登　1990　無意識の脳心理学　青木書店　にこれらの一連の研究はくわしく紹介されている。
(2)　ローラヘル／宮本忠雄（訳）1966 性格学入門　みすず書房　より引用した。
(3)　坂野　登　2009　脳バランス力とこころの健康　青木書店

著者紹介

1962年，京都大学大学院文学研究科博士課程単位修了。翌年，文学博士。ライプチッヒ大学医学部臨床神経生理学部門研究助手（1964-1966），京都大学教育学部助教授・教授（1970-1997），ライプチッヒ大学心理学研究所ブント記念講座客員教授（1980-1981），神戸親和女子大学教授，名古屋女子大学教授などを歴任。現在，京都大学名誉教授。専門は教育神経心理学。

主な著書に，“*Latent left-handedness: Its relation to hemispheric and psychological functions.*”（VEB Gustav Fisher Verlag Jena），『脳と教育——心理学的アプローチ』（編著，朝倉書店），『脳バランス力とこころの健康』（青木書店），『二つのこころと一つの世界——心理学と脳科学の新たな視角』（新曜社）がある。

不安の力　不確かさに立ち向かうこころ

2015年5月20日　第1版第1刷発行

著　者　坂　野　　登

発行者　井　村　寿　人

発行所　株式会社　勁《けい》　草《そう》　書　房

112-0005　東京都文京区水道2-1-1　振替　00150-2-175253

（編集）電話　03-3815-5277／FAX　03-3814-6968

（営業）電話　03-3814-6861／FAX　03-3814-6854

三秀舎・松岳社

©SAKANO Noboru　2015

Printed in Japan

JCOPY ＜㈳出版者著作権管理機構 委託出版物＞

本書の無断複写は著作権法上での例外を除き禁じられています。

複写される場合は、そのつど事前に、㈳出版者著作権管理機構

（電話 03-3513-6969、FAX 03-3513-6979、e-mail: info@jcopy.or.jp）

の許諾を得てください。

＊落丁本・乱丁本はお取り替えいたします。

http://www.keisoshobo.co.jp

不安の力
不確かさに立ち向かうこころ

2024年9月20日 オンデマンド版発行

著 者 坂 野 登

発行者 井 村 寿 人

発行所 株式会社 勁《けい》草《そう》書 房

112-0005 東京都文京区水道 2-1-1 振替 00150-2-175253
(編集) 電話 03-3815-5277／FAX 03-3814-6968
(営業) 電話 03-3814-6861／FAX 03-3814-6854
印刷・製本 (株)デジタルパブリッシングサービス

© SAKANO Noboru 2015
AM265

ISBN978-4-326-98606-4 Printed in Japan

JCOPY ＜出版者著作権管理機構 委託出版物＞
本書の無断複写は著作権法上での例外を除き禁じられています。
複写される場合は、そのつど事前に、出版者著作権管理機構
(電話 03-5244-5088、FAX 03-5244-5089、e-mail: info@jcopy.or.jp)
の許諾を得てください。

※落丁本・乱丁本はお取替いたします。
https://www.keisoshobo.co.jp